メタサイコロジー論

ジークムント・フロイト
十川幸司 訳

講談社学術文庫

目次

凡例

・本書は、ジークムント・フロイトが一九一五年に執筆し、『メタサイコロジー序説』の表題で一冊の書物にまとめることを意図していた論考のうち、現存する五篇および草稿として残された一篇を収録し、『メタサイコロジー論』の表題のもとにまとめたものである。詳細については、巻末「訳者解説」を参照されたい。

・翻訳にあたって使用した底本は以下のとおりである。

Sigmund Freud, *Gesammelte Werke*, Bd. X: *Werke aus den Jahren 1913-1917*, herausgegeben von Anna Freud, E. Bibring, W. Hoffer, E. Kris, O. Isakower, 8 Aufl., Frankfurt am Main: S. Fischer, 1991.

Sigmund Freud, *Gesammelte Werke*, Nachtragsband: *Texte aus den Jahren 1885-1938*, herausgegeben von Angela Richards unter Mitwirkung von Ilse Grubrich-Simitis, Frankfurt am Main: S. Fischer, 1987.

・本書で用いた括弧類については以下のとおりである。

［　］　底本の編者または訳者によって補足された箇所
傍点　原文におけるドイツ語の隔字体（ゲシュペルト）の箇所

・原注は（1）、（2）の形で、訳注は＊1、＊2の形で示し、注本文は各篇の末尾に置いた。
・訳注では以下の略号を用い、「GW-VI 150」、「岩波版全集(8)一六〇―一六一頁」の形で巻数と頁数を示した。

GW：Sigmund Freud, *Gesammelte Werke*, 18 Bände und Nachtragsband, Bände I-XVII, Imago Publishing Co., London, 1940-52, Band XVIII, Frankfurt am Main: S. Fischer, 1968; Nachtragsband, Frankfurt am Main: S. Fischer, 1987.　＊補遺として刊行された別巻（Nachtragsband）については「Nb」の略号を用いた。
SA：Sigmund Freud, *Studienausgabe*, 10 Bände und Ergänzungsband, Frankfurt am Main: S. Fischer, 1969-75.
SE：*The Standard Edition of the Complete Psychology Works of Sigmund Freud*, 24 Vols., London: The Hogarth Press, 1953-74.
岩波版全集：『フロイト全集』全二二巻＋別巻、岩波書店、二〇〇六年〜

メタサイコロジー論

欲動と欲動の運命

私たちは、科学は明確で緻密に定義された根本概念の上に構築されるべきだ、という主張をしばしば耳にしてきた。しかし、実際には、いかなる科学も、最も厳密な科学でさえ、そのような定義によって始まったことはない。科学的作業の本当の始まりは、むしろ現象の記述にあり、そののちに、現象を分類し、配置し、相互に関係づけるのである。すでにこの記述の段階において、素材に一種の抽象的な観念をあてはめることは避け難い。この抽象的な観念は、新しい経験だけから導かれたものではなく、経験の外部から持ち込まれたものである。素材をさらに加工していく際に、抽象的な観念はますます不可欠なものとなり、それがのちに科学の基本概念となる。このような観念は最初はある程度の不確定さを持つものであり、その内容を明確に描き出すことは不可能である。観念がこのような状態にあるかぎり、経験素材を繰り返し参照することによって、これらの観念の意味については合意が成り立つ。これらの観念は一見、経験素材から取り出されたかのように見える。しかし、実のところ、経験素材のほうが抽象観念に基づいているのである。したがって、厳密に言えば、これらの観念は約束事の性質を持っている。その際に重要なのは、それが恣意的に選ばれたのではなく、経験素材との有意味な関係によって決定されているかどうか、ということである。しかも、この経験素材との関係は、私たちがすでにそれを認識し、証明できているわけではなく、ただ推測しているだけなのである。問題になっている現象領域を綿密に研究したあとになって初めて、その科学的基礎概念をより鮮明に把握できるようになり、さらにそれに徐々に変更を加えることによって、広範域に使用可能で、その上まったく矛盾のない概念になる。科学的基礎概念を定義の中に収めることができるのは、この段階に来た時である。もちろん、認識は進歩するものであり、定義は硬直化してはならない。物理学の輝かしい例が示しているように、定義が確定した「基礎概念」も絶えずその内容の変化をこうむっている。

このような約束事の性質を持ち、暫定的で、いまだ相当に不明瞭な基礎概念であるにもかかわらず、心理学ではそれなくして済まないのが、欲動の概念である。私たちはさまざまな側面からそれに内容を与えることにしよう。

まずは生理学の面から考えてみる。生理学は刺激の概念と反射図式を私たちに提供している。それによると、外部から生体組織（神経基質）にもたらされた刺激は、行動によって外部へと放出される。この行為は、刺激を受けた基質を刺激の影響から引き離し、刺激の作動範囲から遠ざけるという意味において、合目的的なものと言える。

ところで、「欲動」と「刺激」は、どのような関係にあるのだろうか。「欲動」の概念を

「刺激」の概念の下に包摂してしまっても何ら差し支えはない。欲動とは、心的なものにとって、一つの刺激である。しかし、欲動と心的な刺激を同一のものとして扱うには注意が必要である。心的なものにとって、欲動刺激以外に、生理学刺激とはるかによく似たふるまいをする別の刺激があることは明らかである。例えば、目に強烈な光が入ったとき、それは欲動刺激ではない。しかし、咽頭粘膜の乾燥や胃粘膜の炎症が感じられる場合、それはやはり欲動刺激である[1]。

　このように、私たちは欲動刺激と、心に対して働きかける他の（生理学的な）刺激を区別するための材料を手にしている。第一に、欲動刺激は外界からではなく、有機体自身の内部から生じる。それゆえ、欲動刺激は、心的なものに対して別の仕方で作用し、それを除去するには異なった行為を必要とする。それだけではない。刺激というものの本質は、一回きりの衝撃として作用するという点に尽きる。それゆえ、刺激は一回きりの合目的的な行為によって除去されうる。その典型例は、刺激の源からの逃避運動である。もちろん、この衝撃が反復され、蓄積されることもあるだろうが、だからといって、この過程についての私たちの考えや刺激の除去の条件に変化が生じるわけではない。それに対して、欲動は決して一瞬の衝撃としては働かず、恒常的な力として働く。欲動は外からではなく身体内部から襲いかかってくるので、逃避しようがないのである。したがって、欲動刺激は「欲求」と呼んだほうがいいだろう。この欲求を解消することが「満足」である。このような満足は、内的な刺激源泉に、目的に適した（適切な）変更を施すことによってしか得られない。

　ほとんど完全に寄る辺のない、この世界でまだ方向づけされていない生物が、神経基質において刺激を受け取ったと考えてみよう。この生物はただちに最初の区別を行い、最初の方向づけを得ることができるだろう。この生物は、筋肉活動（逃避）によって取り除ける刺激があることを感じ取り、その刺激を外界に属するものとして認識する。他方でまた、そのような活動が役に立たない刺激があることも感じ取る。この刺激は、逃避したとしても恒常的に迫ってくるという性質を持っている。この刺激は内界の特徴をそなえていて、欲動欲求の証拠である。このようにして、生物の知覚組織は、みずからの筋肉活動の有効性に基づいて、「内部」と「外部」を区別する手がかりを得るのだろう。

　以上のように私たちは、欲動の本質を、まずはその主要な性質が有機体の内部の刺激源泉に由来し、恒常的に出現する点に見出す。そして、そこから、逃避行動によっても制御できないという、さらに別の特徴を導き出すことになった。しかし、このような議論をする中で次のような事柄に気がつくが、それを認めておかなくてはならない。すなわち、私たちは経験素材に、基本概念として、ある種の約束事をあてはめているだけでなく、心理学的な現象の世界を取り扱う際には、いくつもの複雑な想定をも用いている、ということである。この想定の最も重要なものについては、すでに挙げておいたが、ここで改めて明確にしておきたい。その想定は生物学的な性格のもので、傾向性（もしくは合目的性）の概念に従って働き、次のように表現される。すなわち、神経系は、到来する刺激を再び除去し、可能なかぎり低い水準に引き下げるか、あるいは可能であれば、まったく刺激のない状態を維持しようとする一つの装置だ、という想定である。このような発想の不確定さを気にかけるのはさしあたりやめて、神経系には一般に刺激の克服という課題がある、と考えてみることにしよう。そうすると、欲動を導入することで、単純な生理学的な反射図式がいかに複雑なものになるかが分かる。外界の刺激は、それから逃れるという唯一の課題を生み出し、それは筋肉活動によって遂行される。そして、ある筋肉活動によってその目的が実現されると、それは合目的的な活動として遺伝性の素質となる。しかし、有機体の内部で生じる欲動刺激は、このメカニズムでは処理することができない。それゆえ、欲動刺激は、はるかに高度な要求を神経系に求めてくるのであり、錯綜し、互いに入り組んだ活動を起こさせる。こうした活動は、外界が内的な刺激源泉に満足を与えるように、外界を変化させる。そして、とりわけ欲動刺激は、刺激から遠ざかるという、神経系にとっての理想的な意図を断念させる。というのも、欲動刺激は不可避的で、しかも持続的な刺激を与えるからである。したがって、外的刺激ではなく、欲動こそがこれほどまでに無限の能力をそなえた神経系を今日の発展段階にまで高めた進歩の本来的な原動力である、と結論づけていいだろう。もちろん、このような欲動そのものが、少なくとも部分的には、系統発生の過程において生命物質に変化を及ぼした外部の刺激作用の沈殿物である、と想定すべきである。

さらに、高度に発展した心的装置の活動も快原理に従い、快－不快系列の感覚によって自動的に調整されていると考えるなら、これらの感覚は刺激の克服が行われる方法を再現している、という仮説を退けるのは困難になる。それは、不快の感覚が刺激の増大と、そして快の感覚が刺激の減少と関係している、という意味においてである。この想定はかなり曖昧なものだが、快－不快と心的生活に作用する刺激量の変動の関係がどのようなものであるかを解明できるようになるまで、私たちはこの想定の曖昧さを留保しておくことにしよう。両者の関係はおそらく非常に多様で、しかもそれほど単純なものでないことは確かである。

次に、生物学的な観点から心的生活に目を向けてみるなら、「欲動」は心的なものと身体的なものの境界概念だと考えられる。つまり、欲動は身体内部から発して心の内に到達した刺激の心的な代理であり、心的なものと身体的なものとの結びつきによって、心的なものに課されている作業要求の量である。

今や、欲動という概念に関連して用いられるいくつかの用語を検討することができる。それは、欲動の衝迫、目標、対象、源泉である。

欲動の衝迫とは、欲動の運動的契機、力の総和、欲動が表している作業要求の量である。圧迫してくるという性格は、あらゆる欲動の一般的な特性であり、その本質そのものである。あらゆる欲動は能動的である。大まかに受動的な欲動と言う時は、受動的な目標を持った欲動を指し示しているにすぎない。

欲動の目標は常に満足であり、それは欲動の源泉にある刺激状態を除去することでしか達成されえない。しかし、あらゆる欲動にとって、その最終目標に変わりがないとしても、同じ最終目標に到達するためのさまざまな経路がありうる。したがって、ある欲動に多数の手近で中間的な目標が生じてきて、これらの目標が互いに結びつけられたり、相互に交換されたりする。私たちの経験から、経過途中で「目標を阻止された」欲動について語ることもできるだろう。そのような欲動は、満足の方向へ少し進みながらも、その後、阻止され、別の方向に向けられるのである。そのような経過においても部分的な満足がともなっている、と想定すべきである。

欲動の対象は、それにおいて、あるいはそれによって欲動がその目標を達成しうるものである。対象は欲動にとっては最も可変的なものであり、本来は欲動と結びついているものではなく、ただ欲動を満足させるのに適切であるために用いられているにすぎない。それは必ずしも外的なものである必要はなく、みずからの身体の一部でもかまわない。対象は欲動のさまざまな運命の経過の中で、頻繁に変わることがある。欲動のこのような移動は、とりわけ重要な役割を持っている。同じ対象が同時に複数の欲動の満足のために利用される場合があり、アルフレート・アドラーはそれを欲動交錯の事例と呼んだ。[*1] 欲動が対象ときわめて緊密に結びついている場合、それを欲動の固着と呼ぶ。固着は、しばしば欲動の発展のごく早い時期に生じることがあり、対象との分離に激しく抵抗することで、欲動の可動性に終止符を打つのである。

欲動の源泉とは、ある器官もしくは身体の一部で生じる身体的な過程であり、その過程における刺激が心的生活の中では欲動として表されたものとして理解できる。この過程が決まって化学的性質を持つものなのか、あるいは他の、例えば機械的な力の解放に対応するものなのかは分かっていない。欲動の源泉の研究は、もはや心理学の領域を超えている。欲動が身体的な源泉に由来するというのは決定的な点だが、心的生活の中では欲動はその目標によってしか認識されない。欲動の源泉についてさらに正確に知ることは、心理学的な研究の構想にとっては必ずしも不可欠ではない。欲動の目標から遡って、その源泉を推測できる場合もある。

身体的なものに由来し、心的なものに働きかける欲動はさまざまに異なった質を持つため、心的生活においてさまざまに異なった形でふるまう、と想定すべきだろうか。この想定には根拠がないと思われる。むしろ、もっと単純に、欲動はすべて質的には同じであり、それぞれの働きは欲動がもたらす興奮量、あるいはおそらくこの量の特定の機能に基づくと考えれば十分だろう。個々の欲動の心的な働きの区別は、欲動の源泉の違いによるとみなすことができる。いずれにせよ、欲動の質の問題が何を意味するかということは、もっとあとの文脈の中で明らかになるだろう。

どのような性質の、そしてどれだけの数の欲動を挙げることができるだろうか。明らかに、ここには恣意性が働く余地が十分にある。遊戯欲動、破壊欲動、社交欲動などの概念を用いる人がいたとしても、問題となる主題がその概念を必要とし、心理学的な分析による限定がその概念を許容する場合は、誰も異論を唱えることはできない。しかし、一方で、このようにきわめて特殊化された欲動の動機を欲動源泉の方向にさらに分解していき、もはやそれ以上は分解できない原欲動というものだけに意義を認めることができないか、という問いを無視してはならないだろう。

そのような原欲動を二つのグループに分けることを私は提案した。自我欲動あるいは自己保存欲動のグループと、性欲動のグループである。しかし、この分類は、例えば先に述べた心的装置の生物学的傾向性に関する仮定とは違い、必要不可欠な前提という意味は持っていない。それは単なる補助的仮説であり、役立つことが明らかなあいだだけ用いればいいだけのことである。その仮説を別のものに置き換えたとしても、私たちの記述と分類の作業の結果はほとんど変わらないだろう。このような分類のきっかけは、精神分析の発展史の中で生まれた。精神分析は、精神神経症、より正確には「転移神経症」と呼ばれるグループ（ヒステリーと強迫神経症）を最初の対象とし、それらを研究していく中で、このような疾患のすべての根源に性の要求と自我の要求の葛藤が見られる、という考えに至った。しかしながら、別の神経症性疾患（とりわけナルシス的精神神経症である統合失調症）を徹底的に研究するなら、この定式の変更や、原欲動の別の分類が必要となることもあるだろう。しかし、現在のところ、新しい定式は提示されておらず、また自我欲動と性欲動の対置を不都合とみなす論拠も見出されてはいない。

そもそも、心理的な素材に手を加えて、欲動を区別し分類するための決定的なヒントが得られるというのは、私には疑わしく思える。むしろ、そのような研究をするためには、欲動生活についての特定の仮説を素材にあてはめることが必要なのである。また、そのような仮説は、可能ならば他の領域から引き出し、それを心理学に転用するのが望ましいだろう。この点に関して生物学がもたらす知見は、自我欲動と性欲動の区別と決して矛盾するものではない。生物学は、性は個体の他の機能と同列には置かれない、と教えている。というのも、性という傾向性は、個体の機能を越え、新しい個体の生産、つまり種の保存をその内容とするからである。生物学はさらに、自我と性の関係については二つの見解があり、いずれも同等の正当性をそなえていることを示している。一方の見解によれば、重要なのは個体であり、性は個体が営む活動の一つで、性的満足は個体の欲求の一つと考えられている。もう一つの見解によれば、個体はいわば不死とも言える胚原形質の一時的で移ろいやすい付属物であって、この胚原形質は生殖によって個体に委ねられている。ある特別な化学的機序によって性的機能が他の身体過程から分離されるという仮説は、私の知るかぎり、エールリヒ[*2]の生物学的研究の前提となっている。

欲動生活を意識の側から研究することには克服し難い困難さがあるため、精神障碍の精神分析的研究が私たちの知識の主要な源泉となる。しかし、精神分析がその発展過程に応じて、これまで多少なりとも満足できる情報を得られたのは性欲動だけである。精神神経症において、性欲動のグループだけが孤立した形で観察できたのである。精神分析を他の神経症性疾患へと拡張することによって、自我欲動についての私たちの知識も根拠づけられることになるだろうが、そのような新しい研究領域での観察の際にも、同じように好都合な条件を期待するのは早計であるように思える。

性欲動の一般的な特徴については、次のようなことを挙げられる。性欲動は数多くあり、多様な器官を源泉として生じ、それらは最初は互いに独立して活動しているが、のちになって、ある程度完全な統合へとまとめられていく。それぞれの性欲動が目指す目標は、器官快の獲得である。一度、完全な統合が達成されたあとになって初めて、性欲動は生殖機能に奉仕するようになり、それによって一般に性欲動として認識されるようになる。性欲動は最初に出現する際には、まず自己保存欲動（自我欲動）に寄りかかる（依託する）が、徐々にその欲動から離れる。しかしながら、対象の発見の過程に際しては、自我欲動が指し示す道筋をたどる。性欲動の一部は、一生のあいだ自我欲動と結合したままであり、自我欲動にリビドー的成分を提供する。こうした成分は、機能が正常であるうちは見逃されやすく、発病して初めて明らかになる。性欲動の特徴は、相互に大規模に入れ替わりながら出現し、対象を容易に取り換えることができる点にある。最後に挙げた特性によって、性欲動は本来の目標としている行為からはるかにかけ離れた活動を行うことができる（昇華）。

欲動がその発展過程および生涯の過程の中で、どのような運命を経るかということについては、私たちが比較的よく知っている性欲動だけに限定して研究を進めるしかないだろう。観察によって、欲動の運命には次のようなものがあることが分かる。

対立物への反転
自分自身への方向転換
抑圧
昇華

ここでは昇華は取り扱わないつもりである。また、抑圧については特別な一章が必要になるので、最初の二点の記述と検討だけを行うことにする。欲動がそのままの形で維持されるのを妨げる動因を考慮するなら、欲動の運命を欲動に対する防衛の様式として描き出すこともできる。

対立物への反転は、より詳しく見ると、二つの異なる過程に分解される。すなわち、一つは欲動の能動性から受動性への転換であり、もう一つは内容の反転である。この二つの過程は本質的に異なっているので、別々に取り扱わなくてはならない。

最初の過程の実例は、サディズム－マゾヒズムと窃視症－露出症という対立に示されている。反転が起こるのは、もっぱら欲動の目標であり、苦しめる、視るという能動的な目標は、苦しめられる、視られるという受動的な目標に置き換えられる。内容の反転については、愛から憎しみへの変換という例に見出される。

自分自身への方向転換は、マゾヒズムがまさに自分自身の自我に対する反転したサディズムであり、露出には自分自身の身体を視ることが含まれていることを考えれば、理解しやすくなる。精神分析の観察によれば、マゾヒストがみずからに向けられた激しい怒りを享受し、露出症者が剝き出しになった自分の身体を享受していることに疑問の余地はない。したがって、この過程で本質的なのは対象が交換されることであり、目標は変わらないまま維持されている。

しかしながら、これらの例では、自分自身への方向転換や能動性から受動性への転換が一致している、あるいは同時に生じていることを見逃すことはできない。この関係を解明するには、いっそう綿密な研究が必要不可欠になってくる。

サディズム－マゾヒズムの対立では、この過程は次のように記述できる。

a) サディズムは、対象としての他人に対する暴力や力の行使である。

b) この対象が放棄され、自分自身に置き換えられる。自分自身への方向転換によって、能動的な欲動目標は受動的な欲動目標に変換される。

c) 新たにある他者が対象として探し出され、その人物が、目標変換が生じたことによって、主体の役割を引き受けざるをえなくなる。

cの事例が、一般にマゾヒズムと呼ばれているものである。マゾヒズムの場合も、満足は一次的なサディズムがたどる道を通して得られる。その際、受動的な自我は、今や新しい主体によって占められている以前の自分の場所に、空想的に身を置いているのである。直接のマゾヒズム的な満足があるかどうかは、まったく疑わしい。ここに示したような仕方でサディズムから生じたのではない一次的マゾヒズムというものは存在しないように思われる。[2] bの段階を仮定するのが余計なことではないのは、強迫神経症者におけるサディズム的な欲動のふるまいから明らかである。強迫神経症では、自分自身への方向転換は見られるが、新しい人物に対する受動性は見られない。変換はbの段階までしか進まない。加虐欲求は自虐、自己処罰になり、マゾヒズムにはならない。能動態の動詞が受動態に変換されるのではなく、再帰的な中動態に変換されるようなものである。

サディズムの理解が妨げられているのは、この欲動が、その一般的な目標に加えて（むしろ、その目標の内部で、と言ったほうがいいのかもしれないが）、あるまったく特殊な目標行動を目指しているように見えるからである。つまり、屈辱を与え、征服することに加えて、痛みを与えることを目指すのである。ところが、精神分析は、痛みを加えることが欲動の一次的な目標行動の中でいかなる役割も果たしていないことを示している。サディズム的な子供は、痛みを加えることに関心を示さないし、目論んでもいない。しかし、ひとたびマゾヒズムへの転換が成し遂げられると、痛みは受動的でマゾヒズム的な目標を提供するのにとりわけ適したものになる。というのも、痛みの感覚もまた他の不快な感覚と同じく、性的な興奮に波及すれば、快に満ちた状況を生み出すものであり、その状況のためなら痛みの不快も甘受する、というのは十分に考えられることだからである。痛みの感覚がいったんマゾヒズム的な目標になってしまうと、痛みを加えるというサディズム的な目標も遡及的に生じうる。痛みを他人に加える一方で、苦痛をこうむっている対象と同一化することによって、自身はマゾヒズム的に痛みを享受するのである。もちろん、いずれの場合にも、痛みそのものを享受しているのではなく、痛みにともなう性的な興奮を享受しているのである。これは、とりわけサディストにとって快感になる。痛みの享楽が一つの目標だとすれば、それは本来的にマゾヒズム的な目標だが、それが欲動の目標になりうるのは、本来的にサディストである人物においてのみである。

　万全を期すために補足しておくなら、同情はサディズムにおける欲動変換の結果として説明することはできず、欲動に対する反動形成（その違いについては、後述箇所を参照のこと）[*3]として理解することが必要である。

　もう一つの欲動の対立、すなわち、視ることと自分を見せることを目標とする欲動の対立（性倒錯の用語で言えば、窃視症者と露出症者である）の研究からは、いくぶん異なっているが、より簡潔な結果が得られる。ここでもまた、先の場合と同じ諸段階を提示することができる。a) 視ることが能動性として、他なる対象に向けられる。b) 対象が放棄され、視る欲動が自己身体の一部へと方向転換する。それとともに受動性への反転が起こり、視られるという新しい目標が設定される。c) 新しい主体が導入され、その主体に視られるために、自己を見せつける。能動的な目標が受動的な目標より先に出現し、視ることが視られることに先行することには、ここでもほとんど疑問の余地はない。しかし、サディズムの場合との重要な違いは、視る欲動においては、aと記された段階より、もっと早期の段階が認められる点である。すなわち、視る欲動は、その活動の初期においては自体愛的なものである。視る欲動は確かに対象を持つが、その対象を自分自身の身体に見出す。あとになって初めて、視る欲動は（比較という方法によって）その対象を他人の身体の類似した対象に取り替えるのである（段階a）。この前段階は、置き換えが自己の立場でなされるか、それとも他者の立場でなされるかによって、その帰結として次のような対立する二つの状況が生じてくる、という点で興味深い。視る欲動を図式化するなら、次のように書き表すことができる。

α) 自分で性器を視る＝性器が自分自身によって視られる

β) 自分が他なる対象を視る　　γ) みずからの対象が他人から視られる

（能動的な視る快）　　（見せる快、露出）

このような前段階はサディズムには欠けている。サディズムは最初から他なる対象に向けられている。もっとも、自分の手足を支配しようとする子供の努力から、この前段階を構成してみるのは、不合理なことではないだろう(3)。

ここで観察された二つの欲動の例のいずれにもあてはまることだが、能動性から受動性への反転および自分自身への方向転換による欲動変換は、そもそも欲動の動きの総体に対して行われるのではない。たとえ欲動の転換過程が十分に完遂されたとしても、かつての能動的な欲動の方向は、新しい受動的な欲動の方向の傍らに、ある程度の量は残っている。視る欲動に関して、ただ一つ確かなのは、欲動のあらゆる発展段階、すなわち自体愛的な前段階、能動的および受動的な最終形態など、すべての段階が共存して残り続けることである。この考えは、視る欲動が引き起こす行動ではなく、視る欲動の満足のメカニズムを基に判断すれば明白なことだろう。ところで、これらの欲動に関しては、おそらくまた別の理解の仕方や記述の仕方が可能かもしれない。個々の欲動生活は、時間的に区切られ、（任意の）時間単位の中では同じ性質を持ついくつかの衝撃に分解できる。それぞれの衝撃は、例えば連続する溶岩の噴出のような関係にある。そうすると、例えば次のようなことが考えられる。最初の最も根源的な欲動の噴出は、変化せずに継続し、いかなる展開も見せることがない。その次の衝撃は、最初から、ある変化、例えば受動性への方向転換をこうむっていて、以前の衝撃にこの新しい特性を付け加える。以下、同様に続く。欲動の動きをその始まりからある停止点まで見渡すなら、このように記述された衝撃の継続は欲動の一定の発展の姿を示すものになるはずである。

　この発展ののちの時期になると、ある欲動の動きの傍らに、その（受動的な）対立物が観察されるという事実を、ブロイラーは両価性というきわめて適切な用語を導入することによって強調した。

　欲動の発展は、欲動の発展史やそのさまざまな中間段階の永続性を参照することで、ずっと理解しやすいものになるはずである。両価性の程度が、個人、集団あるいは人種によって大幅に異なることは、経験的に明らかになっている。今日生きている者の欲動の両価性がきわめて大きいことは、太古からの遺産として理解できる。というのも、欲動生活における変換されない能動的な動きの割合は、太古においては今日の平均より大きかったと仮定できるからである。

　性欲動が自体愛的に満足させられる自我の早期の発展段階を、私たちはさしあたり自体愛とナルシシズムの関係を議論することなく、ナルシシズムと呼んできた。とすれば、視る欲動の前段階では視る快が自分自身の身体を対象にすることから、この前段階はナルシシズムに属する、つまりナルシシス的な形成物だと言わなければならない。この前段階から視る欲動の能動的な面が発展し、ナルシシズムから離れるが、視る欲動の受動的な面はナルシス的な対象を手放そうとしない。同様に、サディズムからマゾヒズムへの転換もナルシス的な対象への回帰を意味しているが、いずれの場合も、ナルシス的な主体は同一化によって他の自我と交換されている。以上のように想定されるサディズムのナルシス的な前段階を考慮するなら、私たちは次のような、より一般的な洞察に近づくことになる。つまり、自分自身への方向転換および能動性から受動性への反転という欲動の運命は、自我のナルシス的な編成に依拠しており、この段階の刻印を帯びているのである。おそらく、このような欲動の運命は、自我発達のより高度な段階では、他の方法でなされる防衛の試みに対応しているのかもしれない。

　私たちは、これまでサディズム-マゾヒズム、視る快-見せる快という二つの対立組だけを論じてきたにすぎない。これらは両価的な形で出現する性欲動として最もよく知られている。その後の段階で生じる性的機能の他の構成成分については、精神分析ではまだ十分に理解できていないので、それらを同じような形で議論することはできない。一般的に言えるのは、それらの構成要素が自体愛的に働くことである。すなわち、それらの構成要素の対象は、それらの構成要素の源泉である器官の陰に隠れ、通常はその器官と一体化する。視る欲動の対象は、最初は自分自身の身体の一部であるが、目そのものではない。そして、サディズムにおいては、器官の源泉はおそらく行動をする能力のある筋肉組織だろうが、たとえこの対象が自分自身の身体であるとしても、直接的にはある別の対象に向けられる。自体愛的な欲動においては、器官の源泉の役割が決定的であり、P・フェダーンとL・イェーケルスの興味深い推測によれば[4]、器官の形態と機能によって、欲動目標が能動性であるか受動性であるかが決定される。

ある欲動がその（内容的な）反対物に変換するのは、ただ一つの例、つまり愛から憎しみへの転換において観察される。とりわけ愛と憎しみは、しばしば同時に同じ対象に向けられるので、その共存はまた感情の両価性のきわめて重要な実例となる。

愛と憎しみの例が特別な興味を引くのは、この例が私たちの欲動に関する記述に組み入れられることに逆らうからである。この二つの対立する感情と性生活のきわめて密接な関係は疑いを容れないが、愛を他の欲動と同じように性の特別な部分欲動として把握することには、当然ながら反発が起きるだろう。むしろ、愛を全体的な性的傾向の表現とみなしたいのだが、それでもやはり問題は解決しないし、このような傾向の内容的な対立物をどのように理解すればいいのか分からなくなるのである。

愛することには、ただ一つではなく、三つの対立がありうる。つまり、愛する－憎むという対立の他に、愛する－愛されるという対立があり、さらには愛と憎しみという関係そのものに対立する無関心あるいは興味がないという状態がある。この三つの対立のうち、愛する－愛されるという第二の対立は、まさに能動性から受動性への方向転換と一致し、また視る欲動の場合と同じように、一つの基本的な状況に還元することができる。その基本的な状況とは、自分自身を愛することであり、それを私たちはナルシシズムの特徴とみなしている。さらに、対象と主体のどちらが他の対象または他の主体と置き換えられるかに応じて、愛するという能動的な目標傾向が生じるか、愛されるという受動的な目標傾向が生じるかが決まる。それらのうち、後者がナルシシズムに近いものにとどまっている。

心的生活がそもそも次のような三つの対極性に支配されているということを思い起こしてみるなら、愛することの対立物について、いっそう理解を深められるだろう。それは次のような対極性である。

主体（自我）－対象（外界）
快－不快
能動的－受動的

すでに述べたように、個体は早い時期に、外界からの刺激は筋肉活動によって封じ込めることができるのに対して、欲動刺激に対しては無防備であるという経験を通して、自我と非自我（外部）（もしくは主体と対象）の対立を押しつけられる。この対立は、とりわけ知的活動において特権的な位置を占めるものであり、いかに手を尽くしても変えられない研究の基本的状況をなしている。快‐不快の対極性は感覚系列に結びついており、私たちの行動（意志）の決定の際にも感覚系列がとりわけ重要性を持つことはすでに強調した。能動性‐受動性の対立を自我・主体‐外界・対象の対立と混同してはならない。自我は、刺激を外界から受け取る場合には受動的にふるまうが、刺激に反応する際には外界に対して能動的にふるまう。自我はみずからの欲動によって、外界に対してまったく特殊な能動性を発揮することを強いられる。本質的な点を強調するなら、自我・主体は外的刺激に対して受動的であり、みずからの欲動によって能動的になる、と言えるかもしれない。能動性‐受動性の対立は、あとになって男性性‐女性性の対立と融合する。この男性性‐女性性の対立は、そのような融合が生じる前には心理学的な意味を持たない。能動性と男らしさ、受動性と女らしさのつながりを、私たちは生物学的な事実として受け取っている。しかし、このつながりは、私たちが考えているほど、常に確固としたものでも、唯一のものでもない。

　これら三つの心的な対極性は、非常に重要な形で相互に関連している。つまり、その中の二つの対極性が重なり合う心的な基本的状況というものがある。自我は、心的生活のそもそもの始まりにおいて、欲動で備給されており、それらの欲動を部分的には自分自身で満足させることができる。私たちは、この状況をナルシシズムと呼び、このような形での欲動の満足を自体愛的と呼ぶ。[5] 外界は、この時点では（一般的に言えば）関心[*4]が備給されておらず、満足という目標にとっては、どうでもいいものである。したがって、この時期には自我‐主体は快に満ちたものであり、外界は関心の埒外にあるもの（場合によっては刺激の源泉として の不快なもの）である。愛するということをさしあたり快源泉に対する自我の関係と定義するなら、ただ自分自身だけを愛し、世界には無関心である、というこの状況は、「愛すること」について私たちが見出した対立関係のうち第一の対立関係を説明するものになっている。[*5]

自我は自体愛的であるかぎりは外界を必要としないが、自己保存欲動がたどるさまざまな経験の結果、外界から対象を獲得するようになる。そうなると、しばらくのあいだは内的な欲動刺激を不快なものとして感じざるをえなくなる。そして、快原理の支配のもとで、自我の中にさらなる展開が生じる。自我は提供された対象を、それらが快源泉であるかぎりは受け取る。つまり、みずからの自我の中にそれらの対象を（フェレンツィの表現によれば[*6]）取り入れ、他方では、自己の内部で不快を引き起こすものは自己の中から追い出してしまうのである（後述の投影のメカニズムを参照のこと）。

適切な客観的認識に従って外界と内界を区別していた最初の現実自我は、このようにして何よりも快の特性を優先する純化された快自我に変わる。この快自我にとって、外界は、自我が体内化した快の部分と、無関係な残りの部分に分かれる。快自我は本来の自我からその一部を分離し、それを外界に投げ込んで、敵対的なものと感じる。このような再編成が行われたあと、自我‐外界と快‐不快の二つの対極性は、

自我‐主体が快と一致し、
外界‐不快（以前は無関心）と一致するという形で、新たに確立される。

一次ナルシシズムの段階に対象が登場することで、愛することの第二の対立関係である憎しみも形成されていく。

対象は、すでに述べたように、まずは自己保存欲動によって外界から自我に持ち込まれる。憎しみの本来の意味が、自分にとって異質で、刺激を与える外界に対する関係を指している可能性を退けることはできない。無関心は、憎しみや嫌悪の特殊な例として位置づけられるが、憎しみの先触れとして、すでに登場していたのである。外のもの、対象、憎まれるものは、最初はすべて同一だったかもしれない。あとになって対象が欲動の源泉であると分かると、対象は愛されるが、しかしまた自我によって体内化される。そうなると、純化された快自我にとって、対象はまたしても外のもの、憎まれるものと同じになってしまう。

ここで私たちは、愛‐無関心という対立関係が自我‐外界の対極性を反映しているように、第二の対立関係である愛‐憎しみは自我‐外界という最初の対極性と結びついた快‐不快の対極性を再現していることに気づく。純粋にナルシス的な段階が対象段階に移行したあとは、快と不快は対象に対する自我の関係を意味するようになる。対象が快の感覚の源泉になると、運動傾向が生じ、それは対象を自我に近づけ、対象を自我の中に体内化しようとする。この場合、私たちは快を与える対象が放つ「魅力」について述べているのであり、私たちは対象を「愛する」と言う。逆に対象が不快の感覚の源泉である場合には、対象と自我のあいだの距離を大きくしようとする傾向が生じ、刺激を送り込む外界から逃亡しようとする最初の試みを対象に対して繰り返し行おうとする。私たちは、対象への「反発」を感じ、対象を憎む。そのような憎しみは、対象への攻撃傾向、対象を破滅させようとする意図にまで高まることがある。

欲動がみずからの満足のために切望している対象を「愛する」と言えるかもしれない。しかし、欲動がある対象を「憎む」というのは奇異な感じがする。したがって、愛と憎しみの関係を、欲動とその対象の関係に適用することはできない。むしろ、愛と憎しみの関係は、自我全体と対象の関係だけに適用するよう、慎重にとっておくべきなのである。確かに、含蓄に富んだ言語的な慣用表現を検討するなら、愛と憎しみの意味をさらに限定する必要があることが分かってくる。自我の保存に役立つ対象については、それを愛しているとは言わず、その対象を必要とする、というように強調する。そして、私たちはそのような対象には、例えば「好きである」、「会いたい」、「気持ちがいい」など、いっそう弱められた愛を暗示する語を用いて、別の種類の関係を表現するのである。

このように、「愛する」という言葉は、対象に対する自我の純粋な快の関係の領域によりいっそう限定されるようになり、最終的にはより狭い意味での性的対象や昇華された性欲動の欲求を満足させる対象に固定されることになる。私たちが心理学に押しつけてきた性欲動と自我欲動の区別は、こうして私たちの言葉の精神と一致することが明らかになる。個々の性欲動がその対象を愛するという表現に私たちはなじめないが、「愛する」という言葉を自我とその性的対象の関係において用いるのはきわめて適切だと感じる。このことは、性器性の優位性と生殖機能への奉仕という条件のもとで性のすべての欲動が統合されるとき、初めてこの関係に「愛する」という言葉が用いられるようになることを私たちに教えてくれている。

「憎む」という言葉を用いる際には、性的な快や性的機能とそれほど密接な関連は見られず、不快関係が唯一の決定的なものであるらしいというのは注目すべき事柄である。自我は、自分にとって不快感の源泉となるあらゆる対象を憎み、嫌悪し、破壊しようとつきまとう。それらの対象が自分にとって性的満足の拒絶を意味しようが、保存欲求の満足の拒絶を意味しようが、そんなことには無関心である。憎しみの関係の適切な模範となるのは、性生活ではなく、自己保存や自己固持を求める自我の闘いに由来するものだと言える。

このように、完全に内容的に対立していると思われている愛と憎しみは、決して単純な相互関係にあるわけではない。愛と憎しみは、もともと共通の一つのものから分裂して生じたのではなく、それぞれ異なる起源を持ち、独自の発展をたどったあと、それぞれが快不快の関係の影響のもとで対立物として形成されたのである。ここで、私たちが愛と憎しみの生成についてこれまでに得た知見をまとめておく必要があるだろう。

愛は、自我が器官快を獲得することで、欲動の動きの一部を自体愛的に満足させられることに由来している。愛は根源的にナルシス的であり、その後、対象に向かい、それらの対象は拡大された自我に体内化される。愛は、快源泉としてのそれらの対象に向けられた自我の動的な傾向を表現しているのである。愛は、のちの性欲動の活動と緊密に結びついており、性欲動の活動の統合がなされると、性的傾向性の全体と一致するようになる。性欲動は複雑な発展を遂げることになるが、そのあいだに、愛することもいくつかの前段階を経る。そのような前段階は暫定的な性目標として出現する。その最初の性目標として知られているものとしては、体内化すること、あるいは貪り食うことがある。これらも一種の愛であり、対象が自己と独立して存在する状態を解消するものであるため、両価的と呼ぶことができる。サディズム－肛門的編成という、より高次の前性器的段階では、対象に対する要求は制圧衝動という形で出現する。その制圧衝動は、対象を傷つけることや破壊することに配慮しない。愛のこのような形や前段階は、対象に対するふるまいにおいては、憎しみとほとんど区別できない。性器的編成の確立によって、初めて愛は憎しみの対立物となる。

憎しみは、対象への関係としては愛よりも古い。憎しみは、自我のナルシス的な側面が刺激を与える外界に対して示す原初的な拒否から生まれる。憎しみは、さまざまな対象によって呼び起こされた不快反応の表現として、自己保存欲動との緊密な関係をずっと維持することになる。その結果、自我欲動と性欲動は容易に対立関係に陥り、その対立が憎しみと愛の関係として繰り返される。サディズム－肛門的編成の段階のように、自我欲動が性的機能を支配している場合には、欲動目標も憎しみの性格を与えられるようになる。

愛の起源とその諸関係の歴史を研究することで、なぜ愛がそれほどまでに「両価的」であるのか、つまり同じ対象に対する憎しみの動きをともなって出現するのかを私たちは理解することができる。愛が入り混じった憎しみの一部は、完全に乗り越えられなかった、愛することの前段階に由来している。また、別の一部は自我欲動の拒否反応にその基盤を持っている。この拒否反応は、自我と愛の利害の対立がしばしば起きる際に、現実的および実際的な動機に基づいて呼び起こされる。したがって、いずれの場合にも、愛が入り混じった憎しみは自己保存欲動に起源を持っている。ある特定の対象に対する愛の関係が破綻したとき、そこに憎しみが生じることは稀ではなく、そのような場合、私たちは愛が憎しみに変換されたという印象を持つのである。このような記述水準の把握から、さらに解釈を推し進めるなら、現実において動機づけられた憎しみは、愛がサディズム的な前段階に退行することで、いっそう強化される。その結果、憎しみは性愛的な性質を獲得し、愛の関係が続いていることが保証されるのである。

愛することとの第三の対立関係は愛することから愛されることへの変換だが、これは能動性と受動性の対極性に対応しており、視る欲動やサディズムの場合と同じように考えることができる。これまでの議論を要約するなら、欲動の動きが心的生活を支配する三つの大きな対極性の影響を受けることに欲動の運命の本質がある、と言うことができるだろう。この三つの対極性については、能動性‐受動性の対極性を生物学的、自我‐外界の対極性を現実的、最後に快‐不快の対極性を経済論的と呼ぶことができるだろう。
抑圧という欲動の運命は、以下に続く研究の主題となる。

原注

（1）もちろん、これらの内的な過程が渇きと空腹という欲求の有機的な基盤だと想定した場合である。

（2）［一九二四年の付記］のちの研究（「マゾヒズムの経済論的問題」（一九二四年、GW-XIII）を参照）で、私は欲動生活の諸問題に関連して、これとは反対の見解を主張した。

（3）［一九二四年の付記］注（2）を参照のこと。

（4）『国際精神分析雑誌』第一号、一九一三年［訳注――この号に所収のパウル・フェダーン「サディズムとマゾヒズムの分析への寄与Ⅰ：男性サディズムの源泉」、ルートヴィヒ・イェーケルス「欲動理論に関するいくつかの注釈」のこと］。

（5）周知のように、性欲動の一部は自体愛的な満足が可能であり、したがってのちに記述する快原理の支配のもとでの発達の担い手となっていく。最初から対象を必要とする性欲動と、自体愛的には決して満足させられることがない自我の要求は、当然のことながら、このような自体愛的な満足の状態を妨げ、発達への道を開く。個体が寄る辺なく世話をされる時期を抜け出さないかぎり、ナルシシズムの原状態からの発達を遂げることはできないだろう。というのも、この時期には、個体の差し迫った欲求が外界からの介入によって満足させられてしまうと、発達を妨げられてしまうことにもなるからである［訳注――SEには、この凝縮された注について詳細な解説がある。この注でとりわけ分かりにくいのは最後の一文であり、ここでフロイトは、寄る辺なく世話をされる乳児の親による世話が人工的なナルシシズムの状態を長引かせ、発達に対して阻止的に働くことを示唆している」。

訳注

＊1　アルフレート・アドラー「生活と神経症における攻撃欲動」、『医学の進歩』第一九巻、一九〇八年。

＊2　ドイツの細菌学者パウル・エールリヒ（一八五四―一九一五年）。フロイトは、この仮説を『性理論のための三篇』（一九〇五年）第三篇の「化学理論」という小見出しが付された一節で「性に関わる代謝に由来する特別な物質がある、という仮説」として提示し、性的過程に関わる重要な考えだと述べている。さらにその一〇年前にヴィルヘルム・フリースに送った「草稿I」（一八九五年）にも「性的な刺激は一つの化学的な刺激である」という記述がある。

＊3　この「後述箇所」について、SEには次のような注がある。「後述箇所がどの一節を指しているのかは、はっきりしない。おそらく、紛失した「昇華」についての論文に含まれていたと思われる。「戦争と死についての時評」（一九一五年）には、この主題に関する議論があるが、この論考は最初、別の巻で出版されていたので、フロイトが念頭に置いていたとは考えられない。『性理論のための三篇』に付け加えられた一九一五年（本論文の執筆と同じ年）の脚注で、フロイトは昇華と反動形成を異なる過程とみなすべきだと主張している。同情を表すMitleidというドイツ語は、文字どおりには「ともに苦しむ」、「憐れみ」を意味する。この感情の起源についての別の見解は、おそらく一九一四年の末、つまり本論文の数ヵ月前に書かれた「狼男」の分析に示されている」。

＊4　フロイトは、性的追求の対象に向けるエネルギー備給（リビドー）に対して、自己保存欲動から出るエネルギー備給を「関心」と呼んでいる（『精神分析入門講義』第二六講を参照のこと）。

＊5　フロイトは、先のパラグラフで挙げた三つの対立（愛する－憎む、愛する－愛される、愛する－無関

心）のうち、最後の対立をここでは最初に持ってきており、そのあとに愛する－憎むという最初の対立を、最後に愛する－愛されるという二番目の対立を論じている。

＊6　（SEの注）シャーンドル・フェレンツィ「取り入れと転移」、『精神分析・精神病理学研究年報』第一巻、一九〇九年、四二二頁。

抑圧

欲動の動きの運命として、欲動の動きが抵抗に突きあたり、無効にされてしまうということがありうる。この場合、欲動の動きは抑圧という状態に入り込むことになるが、その条件を詳しく検討しなくてはならない。外的な刺激作用が問題になっているのであれば、明らかに逃避が最も適切な手段である。しかし、欲動の場合には、逃避という手段は利用できない。なぜなら、自我は自分自身から逃げ出すことなどできないからである。のちになると、判断棄却（断罪）[*1]ということに、欲動の動きに対する適切な対処法が見出されることになるだろう。断罪の前段階、つまり逃避と断罪の中間物が抑圧であり、この概念は精神分析の研究が始まる以前には提示できなかったものである。

抑圧という事態が起きる可能性を理論的に導き出すのは容易ではない。欲動の動きがどうしてこのような運命に陥ることになるのだろうか。明らかに、ここでは欲動の目標に到達することが快ではなく不快を引き起こすという条件が満たされていなければならない。しかし、そのような事態を想像するのは難しい。そのような欲動はなく、欲動の満足はいつも快に満ちたものである。何かある過程によって満足の快が不快に変換される、という特別な状況を想定せざるをえないだろう。

抑圧をより明確に理解するために、他のいくつかの欲動の状況を検討してみることにしよう。外界の刺激が、例えばある器官を蝕《むしば》み、破壊することによって、内在化され、持続的な興奮と緊張の増加の新たな源泉になることがある。そのような刺激は、欲動ときわめて似た性質を獲得する。このような場合、痛みとして感じられることを私たちは知っている。しかし、この疑似欲動の目標は、ただ器官に起きている変化およびその変化と結びついた不快をなくすことにすぎない。また、痛みがなくなったことで他の直接的な快が得られるわけでもない。しかも、痛みは絶対的で急を要するものである。痛みは、ただ薬物の鎮静作用か、気分転換によってまぎらすしかない。

痛みのケースはあまりにも曖昧なところが多く、私たちの目的を果たすことができない。そこで、空腹のような欲動刺激が満たされない状態のままになっているケースを考えてみることにしよう。その場合、空腹も絶対的で急を要するものになり、空腹を満足させる行為以外では鎮めることができず、絶えず欲求緊張を保ち続ける。この場合も抑圧のようなことが問題になることはないように思える。

このように、ある欲動の動きの不満足によって緊張が耐えられないほど大きくなった時には、確かに抑圧は生じない。こうした状況に対して生体にどのような防衛手段が与えられているかということは、別の文脈で議論されるべき問題である。

私たちは、むしろ精神分析の実践の中で遭遇する経験に依拠することにしよう。その場合、抑圧に屈した欲動の満足は確かにありうることだし、満足としてはそれ自体はいつも快に満ちたものだが、他からの要求や意図とは両立しないものであることが明らかになってくる。つまり、その満足は、ある場所では快を、別の場所では不快を生み出すのである。その場合、抑圧の条件となるのは、不快の動機が満足の快より強い力を持つことである。さらに私たちは、転移神経症の分析経験を通じて、抑圧が原初的に存在している防衛メカニズムではなく、意識的な心的活動と無意識的な心的活動の明確な分離が生じる以前には成立しえないものであり、その本質はもっぱら意識的なものを退け、遠ざけることにある、という結論に達した。抑圧をこのように把握することは、次のような仮説によって補足されるだろう。つまり、心的組織化のこれ以前の段階では、対立物への反転や自分自身への方向転換のような別の欲動の運命が、欲動の動きの防衛という課題を成し遂げているのである。[*2]

　また、抑圧と無意識は非常に相関的なので、一連の心的審級の構造と、無意識と意識の分化についてさらに知識を得るまでは、抑圧の本質について深く理解することはできない、とも考えられる。それまでにできることは、すでに他のところで述べたことの繰り返しになってしまうかもしれないが、まずは抑圧の臨床的によく知られたいくつかの特質を純粋に記述的な仕方で整理することだろう。

　そこで、私たちには原抑圧、つまり欲動の心的（表象）代理が意識に入り込むことを拒否される、抑圧の第一段階を想定する根拠がある。原抑圧によって固着が生じる。その代理は、それ以降、不変のまま存続し、欲動はその表象代理と結びつく。このことは、のちに検討することになる無意識的諸過程の特性によって生じるのである。

抑圧の第二段階、つまり本来の抑圧は、抑圧された表象代理の心的派生物に向けられるか、あるいは、どこか別の場所で発生しつつも、この表象代理と連合的関係を持つことになってしまった思考の系列に向けられることになる。その連合的関係によって、これらの表象群は原抑圧を受けたものと同じ運命をたどる。したがって、本来の抑圧とは「あとからの抑圧」のことなのである。しかし、そもそも意識から抑圧されるべきものに向けられる反発力だけを強調するのは正しくない。原抑圧されたものが関係を持ちうるすべてのものに及ぼす引力も、同様に考慮に入れなくてはならない。この二つの力が協同して働いているのでなければ、そして事前に抑圧されたものが存在し、意識から追い出されたものを進んで取り入れることがなければ、おそらく抑圧の傾向がその目的を達成することはないだろう。

私たちは、抑圧の重要な働きを示す精神神経症の研究に影響されて、その心理学的な内容を過大評価しがちである。そして、欲動代理が無意識の中にそのまま存続し、さらに組織化され、派生物を形成し、結びつきを生み出すのを抑圧は妨げない、ということを忘れやすい。抑圧は、実際には意識という一つの心的システムとの関係を妨害するにすぎない。

精神分析は、精神神経症における抑圧の働きを理解するために重要な、別のことを示すことができる。例えば、欲動代理は抑圧によって意識の影響から引き離されると、より自由に内容豊かなものに発展する。それはいわば暗闇で成長し、その極端な表現形態を見出す。欲動代理が神経症者に向けて翻訳され、目の前に差し出されると、その表現形態は、患者には異質なものと映るだけでなく、その途方もなく危険な欲動の強さの幻影が患者を脅かす。この欲動のまやかしの力は、空想の中での抑制のきかない展開の結果であり、また拒絶された満足から生じた鬱積の結果でもある。この鬱積の結果が抑圧と結びついていることは、私たちが抑圧の本来の重要性をどこに求めなければならないかを示唆している。

しかし、抑圧の反対の側面に戻るなら、原抑圧されたすべての派生物を抑圧が意識から遠ざけていると考えるのは決して正しくないことを、私たちは改めて確認する。これらの派生物は、歪曲の採用や中間項が多数挿入されたことで抑圧された代理から十分に遠ざかっていることがあり、その場合には意識の中に自由に入り込むことができる。それはあたかも、これらの派生物に対する意識の抵抗が、根源的に抑圧されたものからの隔たりに応じて決まるかのようである。精神分析の技法を用いる際、私たちはこの抑圧されたものの派生物を明るみに出すことを絶えず患者に求めている。これらの派生物は、抑圧されたものから遠ざかったか、あるいは歪曲されたために意識の検閲をすり抜けることができたものである。私たちは患者に対して、あらゆる意識的な目標表象やあらゆる批判を放棄することで思いつきを求めるが、派生物とはそのような思いつきにほかならない。そうした思いつきから、私たちは抑圧された代理の意識への翻訳を実行する。患者はそのような思いつきの系列を紡《つむ》ぎ続けるが、その途上で抑圧されたものへの関係があまりにも強い思考系列に突きあたると、自分の抑圧の試みを反復せざるをえなくなることが観察される。神経症の症状もまた、このような条件を十分に満たしているに違いない。神経症の症状は抑圧されたものの派生物であり、抑圧されたものは症状形成という手段によって、それまで拒絶されていた意識への到達を最終的に勝ち取っているのである。

意識の抵抗が解除されるようになるまでには、どの程度、抑圧されたものの歪曲とそこからの遠ざかりが必要か、ということは一般的に述べることはできない。その際には、微妙な均衡が働き、その動きは隠されている。しかし、私たちはその作用の仕方を推測できる。それは、その強度を越えれば無意識が満足に達してしまうであろう、ある一定の無意識的な備給の強度を、そうなる手前で止めさせるのである。このように、抑圧はきわめて個別的に働く。抑圧されたものの個々の派生物は、それぞれが特別な運命を持ちうる。歪曲が少し多いか少ないかによって、全体の結果は大きく変わってしまう。人間の最も好む対象、すなわちその理想は、最も忌み嫌う対象と同じ知覚や経験から生じるということ、そしてその両者が根源的にほんのわずかな修正によって区別されているということも、この同じ文脈から理解できる。実際、私たちがフェティッシュの成立の際にすでに見たように[*3]、根源的な欲動代理が二つの部分に分解されることがある。その一つの部分は抑圧をこうむることになるが、残りの部分は、まさにこのような内的な結びつきによって理想化の運命をたどるのである。

　歪曲の増減によって成し遂げられることは、いわば心的装置のもう一つの端においても、快不快の産出の条件を修正することによって達成される。いつもは不快を引き起こすものが時には快をもたらすものになる、というような心的な力の働きの変化を引き起こす目的を持つ特別な技法が作り上げられている。このような技法的手段はしばしば顔を見せ、ふだんは拒否されている欲動代理に向けられた抑圧がその時だけは解除されるのである。こういった技法は、これまではただ機知に関してのみ、より詳細に観察されている。[*4] 一般に、抑圧の解除は一時的なものであり、すぐに元の状態に戻される。

　この類の経験によって、私たちは抑圧のさまざまな性質に注意を向けるようになる。抑圧は、すでに述べたように個別的であるだけでなく、きわめて可動的である。抑圧過程を、例えば何らかの生き物を打ち殺した場合のような、永続的な結果をともなう一度きりの出来事と考えてはならない。抑圧は持続的な力の消費を要求するのであり、その消費を止めるなら、抑圧の効果は疑わしくなって、新しい別の抑圧作用が必要になってくる。抑圧されたものは意識に向けて持続的な圧力を加えており、その圧力は絶え間ない対抗圧力によって平衡が保たれているに違いない、と考えていいだろう。抑圧を維持するということは持続的な力の出費を前提としており、それを中断することは経済論的観点からは節約を意味している。ついでに言えば、抑圧の可動性の表現は、睡眠状態の心的特質の中にも見出され、睡眠状態がもっぱら夢形成を可能にしている。覚醒とともに、撤収されていた抑圧のための備給は再び送り出される。

最後に忘れてならないのは、欲動の動きが抑圧されたものであることを確認したとしても、その欲動の動きそのものについては、まだほんのわずかしか述べていない、ということである。欲動の動きは、抑圧されているかどうかとは無関係に、非常に多様な状態で存在しうる。不活性な、つまり心的エネルギーがごくわずかしか備給されていない状態であることもあれば、さまざまな程度に備給され、それによって活性化されている場合もある。欲動の動きの活性化は、直接的に抑圧を破棄するという結果を導くことにはならないにせよ、迂回路を通って意識に侵入するという結末に至るあらゆる過程を始動させるだろう。抑圧されていない無意識の派生物に関しては、活性化あるいは備給の程度がしばしば個々の表象の運命を決定する。抑圧されていない派生物が、たとえその内容が意識的に支配的なものとの葛藤を引き起こすものであったとしても、ごくわずかなエネルギーしか持っていないあいだは抑圧されないままであり続ける、というのは日常的によくあることである。しかし、葛藤にとっては量的な契機が決定的であり、基本的に不愉快な表象がある一定程度以上に強くなるや否や、葛藤が現実化し、その活性化は抑圧を招くことになる。したがって、抑圧に関して言えば、エネルギー備給の増大は無意識への接近と同じ効果を持ち、エネルギー備給の減少は無意識からの遠ざかりや歪曲と同じ効果を持つ。私たちの理解したところでは、抑圧傾向は不快なものを弱めることにおいて、その抑圧の代替物を見出すことができるのである。

これまでの議論で、私たちは欲動代理の抑圧を取り上げ、欲動代理を欲動から一定量の心的エネルギー（リビドーおよび関心）を備給されている表象または表象群として理解してきた。しかし、臨床観察に従うなら、私たちはこれまで単一のものとして理解してきたものを分解して考える必要に迫られる。というのも、臨床観察によれば、欲動を代理するものとして表象以外の何か別のものを考慮しなくてはならず、しかも、その別のものは表象とはまったく違った抑圧の運命をたどるからである。心的代理のこの別の要素には、情動量という名称が用いられた。欲動が表象から離れてしまい、情動として感じられるようになる過程において、その量にふさわしい表現を見出すという点で、情動量は欲動に関連している。今後、抑圧の事例を記述する際には、抑圧された表象はどうなるのかということと、表象に結びついた欲動エネルギーはどうなるのかということを別々に追究しなくてはならない。

この二つに分かれた運命について、一般的なことを述べておきたい。ある程度、方向を定めておけば、それも可能だろう。欲動を代理する表象の一般的な運命は、おおむね次のようにならざるをえない。つまり、表象が以前に意識されていたものであれば、意識から消し去られることになり、まさに意識化されそうになっていたのであれば、意識から遠ざけられてしまう。その違いは大して重要ではない。それはちょうど、私が不愉快な客を客間や玄関から追い出すか、彼の姿を見るや否や玄関の敷居をまたがせないようにするか、といった違いのようなものである。(1) 欲動代理の量的因子の運命は、精神分析によって積み重ねられた経験を急いで概観してみれば分かるように、三種類ある。欲動は完全に抑制されて跡形もなくなるか、何らかの質的に彩られた情動として現れるか、あるいは不安に変換されるか、である。あとの二つの可能性は、欲動の心的エネルギーを情動に転換すること、とりわけ不安に転換することを、欲動の新たな運命として検討する、という課題を提起している。

抑圧の動機と意図が不快の回避にほかならなかったことを思い出しておこう。そこから帰結するのは、欲動代理の情動量の運命は表象の運命よりはるかに重要であり、そしてこのことが抑圧過程に関する私たちの評価を決定する、ということである。抑圧が不快の感覚あるいは不安の発生を防止することに成功しないなら、抑圧がその表象部分に関しては目的を達していたとしても、その抑圧は失敗していると言わざるをえない。もちろん、失敗した抑圧は、成功した抑圧よりも私たちの関心を引く。というのも、成功した抑圧は、たいていは私たちの研究から逃れるからである。

ここで、抑圧過程のメカニズムの概略を把握しておこうと思う。とりわけ、抑圧のメカニズムは一つしかないのか、それとも複数あるのか、そしてもしかしたら、どの精神神経症も、その固有の抑圧のメカニズムによって特徴づけられるのではないか、という点を見ておこう。しかし、この探究を始めるにあたって、私たちは複雑な問題にぶつかってしまう。すなわち、抑圧のメカニズムに接近するには、抑圧の結果から遡ってそのメカニズムを推測するほかないのである。欲動代理の表象部分での結果に観察をしぼるなら、抑圧は一般に代替形成を生み出すことが分かる。では、このような代替形成のメカニズムはどのようなものだろうか。あるいは、ここでもまた、いくつかの異なるメカニズムがあるのだろうか。私たちはまた、抑圧が症状をあとに残すことを知っている。それならば、私たちは代替形成と症状形成を同じものと考えていいのだろうか。また、おおむねそれでいいとすれば、症状形成のメカニズムは抑圧のメカニズムと重なり合うのだろうか。今のところ、その点について本当らしく思えるのは、この二つはかけ離れたものであること、代替形成や症状を作り出すのは抑圧それ自体ではないこと、代替形成や症状は抑圧されたものの回帰の指標であり、その発生をまったく別の過程に負っていることである。それゆえ、抑圧のメカニズムより前に、代替形成と症状形成のメカニズムを研究するほうが適切であるように思える。

ここでこれ以上思弁を続けても何も得るものがないことは明らかであり、それに代わって、個々の神経症で観察されるべき抑圧の結果を注意深く分析することが必要になってくる。しかし、この作業もまた、私たちが意識と無意識の関係について確かなイメージを持つことができるまで延期しなくてはならない。ただし、当面の議論をまったく不毛なものに終わらせないために、以下のことを指摘しておきたい。1 抑圧のメカニズムは、実際のところ、代替形成の（諸）メカニズムと重なり合わない。2 きわめて多様な代替形成のメカニズムがある。3 抑圧のさまざまなメカニズムには少なくとも一つの共通のメカニズムがあり、それはエネルギー備給（性欲動が問題である場合はリビドー）の撤収である。

　これまでに導入された概念が抑圧の研究にどのように適用されるかということを、最もよく知られた三つの精神神経症に限定して、いくつかの実例で示してみたいと思う。不安ヒステリーの中からは、動物恐怖症の十分に分析された例を取り上げてみる。ここで抑圧に屈した欲動の動きは、父に向けられたリビドー的な態度であり、それはまた父に対する不安と対になっている。抑圧が起こったあと、この動きは意識から消え、父はリビドーの対象としては意識の中に現れなくなる。その代替として、多かれ少なかれ不安の対象としてふさわしい動物が同じ場所を占める。表象部分の代替形成は、ある仕方で決められた関連に沿って、移動の方法によって作り上げられる。量的部分は消えたのではなく、不安に変換されたのである。その結果、父への愛の要求に代わって、狼に対する不安が生まれる。もちろん、ここで用いられた基本概念は、精神神経症の最も分かりやすい症例を説明するのにも、まだ十分ではない。常に別の観点を考慮する必要がある。

　動物恐怖症の例におけるこのような抑圧は、本来、失敗した抑圧と呼ばれるべきものである。抑圧の働きはもっぱら表象を取り除き、代替することにあり、不快の軽減にはまったく成功していない。したがって、神経症の作業は休むことなく、もっと直接的で重要な目標を達成するために、第二段階に向かって加速していく。そして、次に来るのは逃避の試みである。それは本来の意味での恐怖症であり、不安の解放を締め出すはずの多くの回避がなされる。どのようなメカニズムによって恐怖症が目的を達するかは、より特殊化された研究によって理解できるだろう。

真性の転換ヒステリーの病像を理解するには、抑圧過程をまったく異なる観点から評価することが必要になってくる。ここで際立っているのは、情動量を完全に消失させてしまっていることである。患者はみずからの症状に対して、シャルコーが「ヒステリー者の美しき無関心」と名づけた態度を示す。他の場合では、この抑え込みはそこまで完全ではないため、苦痛な感覚の一部が症状そのものに結びついたり、あるいはいくぶんかの不安の解放を避けられず、それがまた恐怖症の形成メカニズムを作動させたりする。欲動代理の表象内容は、意識から根本的に遠ざけられる。そして、その代替形成——と同時に症状——として、過剰な強さの神経支配——典型的な場合は身体的な神経支配——が出現するが、この神経支配は、興奮または制止として、感覚的な性質を持つことも、運動的な性質を持つこともある。過剰な神経支配を受けた部位は、より詳しく観察するなら、抑圧された欲動代理そのものの一部であることが明らかになるが、この部分は圧縮によるかのように、備給の全体をみずからのほうに引き寄せているのである。もちろん、このような説明が転換ヒステリーのメカニズムをあますところなく解明しているわけではない。とりわけ退行という要因を付け加えなくてはならないが、それは他の文脈で評価されるべきものだろう。

ヒステリーの抑圧は、著しい代替形成によってのみ可能になっているという点では、完全に失敗していると判断されるだろう。しかし、抑圧の本来的な課題である情動量の処理に関しては、通常は完全な成功を収めている。その場合、転換ヒステリーの抑圧過程は症状形成によって終わり、不安ヒステリーのように第二段階まで——正確に言えば、果てしなく——継続する必要はない。

抑圧は、私たちが比較のために引き合いに出す第三の疾患、つまり強迫神経症では、まったく違った外観を呈することになる。ここではまず、抑圧をこうむっている欲動代理を何と見ればいいのか、それはリビドー的な傾向なのか、敵対的な傾向なのか、という疑問に突きあたる。この不確実さは、強迫神経症が退行を前提とすることから生じる。この退行によって、愛情に満ちた傾向の代わりに、サディズム的な傾向が出現する。抑圧をこうむっていたのは、愛されていた人物に向けられた、この敵対的な衝動なのである。その結果は、抑圧作業の初期の段階とのちの段階とでは、まったく違ったものである。最初は、抑圧作業は完全な成功を収め、表象内容は退けられ、情動は消失させられてしまう。代替形成として自我変容、つまり良心の高まりが見られるが、これを症状と呼ぶことはできない。ここでは代替形成と症状形成は別々に行われている。このことからも抑圧のメカニズムについて学ぶことができる。この場合も同様にリビドーの撤収が実行されているが、その目的のために対立物の強化による反動形成という方法が用いられているのである。したがって、ここでは代替形成は抑圧と同じメカニズムを持ち、基本的に抑圧と一致しているが、時間的にも概念的にも症状形成とは別のものである。この過程全体を可能にしているのが両価性という関係であり、この関係の中に抑圧されるべきサディズム的な衝動が組み入れられているというのは十分に考えられることである。

しかし、最初のうちは成功していた抑圧も長くは続かず、経過の中で抑圧の失敗がいっそう目立つようになる。反動形成によって抑圧を容認していた両価性は、抑圧されたものが回帰を果たす場所でもある。消えてしまった情動は、社会不安、良心の不安、呵責のない非難に変換して、再び戻ってくる。そして、退けられていた表象は、移動による代替物によって、多くの場合は、些細な、どうでもいいものへの移動によって置き換えられる。抑圧された表象をそのままの形で作り出そうとする傾向がはっきり見られることも多い。量的・情動的因子の抑圧の失敗は、回避や禁止による逃避と同じメカニズムを働かせることになるが、このメカニズムは私たちがヒステリー性恐怖症の形成の際に理解したものである。しかし、意識は表象を執拗に拒絶し続ける。というのも、それによって行為を阻止し、衝動を運動的に拘束できるからである。このように、強迫神経症の抑圧の作業は、実りのない、終わりのない努力となる。

ここで提示したささやかな一連の比較からも、抑圧と神経症の症状形成に関する過程を見極めるには、さらに広範な研究が必要であることが明らかになっただろう。検討が必要となるさまざまな要因がきわめて錯綜しているので、私たちにはただ一つの提示の仕方しか残されていない。つまり、状況に応じてさまざまな観点を選び出し、それを用いることで何らかの成果があると思われるかぎり、その観点を素材を通して追究するのである。このような問題の取り扱いはそれ自体がどれも不完全で、いまだに扱われていない素材に触れる時に不明瞭な点が生じるのを避けられない。しかし、最終的に総合した時には、適切な理解が得られることを期待していいだろう。

原注

(1) 抑圧過程について用いられたこの比喩は、先に述べた抑圧の性格にまで敷衍することができる。ただ、その際には、次のように付け加えておく必要があるだろう。禁じられた客のドアの前を絶えず番人が見張っていなくてはならない、と。なぜなら、退けられた客はドアをこじ開けて入ってくるかもしれないからである(上記参照のこと)。

訳注

*1 判断棄却(断罪)とは、「ある欲望が意識されると、主として道徳的な、あるいは時が悪いからという理由で主体がその欲望の充足を禁止するために用いる操作または態度」(ジャン・ラプランシュ&ジャン゠ベルトラン・ポンタリス『精神分析用語辞典』)であり、フロイトはこの概念を『精神分析について』、症例「ハンス」(「ある五歳男児の恐怖症の分析」)、『精神分析入門講義』第一九講などでも用いている。また、「否定」論文では、「判断棄却(断罪)は抑圧の知的な代替物である」と書いている。

*2 この点については「欲動と欲動の運命」で詳細に論じられている。

＊3　フロイトは『性理論のための三篇』（一九〇五年）の第一篇で、性対象の代理物（足や毛髪）が過大評価され、性目標が逸脱する倒錯としてフェティシズムを論じている。

＊4　GW-VI 150（『機知――その無意識との関係』中岡成文・太寿堂真・多賀健太郎訳、岩波版全集⑻一六〇―一六一頁）。

無意識

私たちは、精神分析の経験から、抑圧過程の本質は欲動の代理となる表象を廃棄して絶滅させる点にではなく、そのような表象が意識化するのを妨げる点にあることを学んだ。その場合、その表象は「無意識」の状態にある、と私たちは言う。そして、そのような表象は意識されないまま作用を及ぼすことができ、またそうした作用の中には最終的に意識に達するものがある、という点について適切な証拠を提示しようと思う。抑圧されたものはすべて無意識にとどまらざるをえないが、抑圧されたものは無意識の全体と一致しないことを、まず確認しておきたい。無意識は、より広い外延を持っている。抑圧されたものは、無意識の一部にほかならない。

どのようにして無意識の知識を手に入れることができるだろうか。もちろん、私たちは無意識を意識に変換あるいは翻訳した上で、意識として知るにすぎない。精神分析の仕事は、このような翻訳が可能であることを日々、教えている。そのためには分析を受ける人がある抵抗を乗り越えることが必要だが、その抵抗とは、かつて問題になっていた表象を意識から遠ざけることによって、それを抑圧されたものにしてしまっていた、あの抵抗と同じものである。

I　無意識の正当性

無意識的な心というものがあると仮定し、その仮定のもとで科学的に作業を進めることの正当性については、各方面から異議が唱えられてきた。これに対して、私たちは無意識の仮定は必要かつ正当であり、無意識の存在については幾重もの証拠があることを示すことができる。意識が示す事実には著しく隙間が多いため、この仮定が必要なのである。健康な人においても、また病者においても、意識とは別の働きを前提にしないと説明のつかない心的行為がしばしば起こる。そのような行為とは、健康な人の失錯行為や夢、病者における精神症状、強迫現象と呼ばれているものすべてだが、それだけでなく、個人的な日々の経験の中にも、その由来を私たちが知ることのない思いつきや、どのような経過をたどったのかが隠されたままになっている思考の結果がある。これらの意識的な行為は、心的行為として生じるすべてのことは意識を通じて経験されなければならないという要請に固執しようとするなら、どれも関連のつかない、理解できないものとなるだろう。私たちが仮定した無意識的な行為をそこに内挿してみるなら、それらは証明可能な関連性の中に秩序づけられるのである。ところで、意味および関連性において得るところがあるということは、私たちが直接経験を越えて踏み出すための十分に正当な動機となる。また、さらに無意識の仮定に基づいて、意識過程の経過に対して目的にかなった影響を及ぼすための手続きを構成することができたなら、その成功は私たちが仮定した無意識が存在する明白な証拠になるだろう。したがって、心の中で起きるすべてのことはまた意識にも知られているはずだと要求するのは根拠のない自惚れにほかならない、という立場に私たちは立たなくてはならないのである。

さらに進んで、無意識的な心的状態を支持するために、次のような事実を引き合いに出すことができる。意識はそれぞれの瞬間において、わずかな内容しか含んでいないため、私たちが意識的な知識と呼ぶものの大部分は、相当長い時間にわたって潜在的な状態に、つまり心的に無意識的な状態にあるに違いない。無意識に対する反論は、私たちのあらゆる潜在的な想起を考慮すれば、まったく不可解なものになる。ここで私たちは次のような異論に出くわす。それは、この潜在的な想起はもはや心的と呼ぶべきものではなく、心的なものが再びそこから生じる身体的な過程の残滓にほかならない、というものである。その異論に対して、潜在的な想起は心的過程のまぎれもない残滓である、と反駁するのは容易である。しかし、より重要なのは、このような異論が言外に断固として意識と心的なものをあらかじめ等しく扱っているのを看破しておくことである。そのように等しく扱うことは、心的なものはすべてまた意識的なのかという問いそれ自体を認めない論点先取か、あるいは約束事、命名法の問題かのどちらかである。後者の性格を持つ異論の場合には、他の約束事もそうであるように、反駁のしようがない。それに同意することが適切かどうかが問題になるだけである。それに対して、私たちは心的なものと意識を約束事として等しく扱うのはまったく適切ではない、と答えるだろう。そのような考えは、心的な連続性を断裂させて、私たちを心身並行論の解決不可能な難局に陥れ、また明白な根拠もないまま意識の役割を過大評価した、という非難を受けるだろう。そして、他の領域からの代償を引き出すことができずに、私たちは心理学的研究の領域を早々と放棄せざるをえなくなるのである。

いずれにせよ、精神生活の疑いようもない潜在的な状態を、無意識的な心的状態と捉えるか、それとも身体的状態として捉えるか、という問題は、結局、言葉の上での争いになる恐れがあることは明らかである。それゆえ、この当の状態の性質について私たちが確実に知っていることを前景に持ってくるのが賢明だろう。ところで、この潜在的な状態は、その身体的性質に関してはまったく理解しようがない。この状態の本質については、どのような生理学的な観念も、どのような化学的な過程も、まったく分かっていない。他方で、この状態が意識的な心的過程と豊富な接触点を持っていることは確かである。この状態は、一定の仕事量を用いることによって意識的な心的過程に置き換えられ、代替されることがあり、また意識的な心的行為に用いられるあらゆる範疇、例えば表象、要求、決心などによって記述されうる。実際、この潜在的な状態のいくつかについては、それらがただ意識されないという点でのみ意識的なものから区別される、と言わねばならない。それゆえ、私たちは、その状態を心理学的研究の対象として、また意識的な心的行為ときわめて密接に関係させて取り扱うのをためらわないのである。

潜在的な心の行為に心的な性格を認めることに対する頑《かたく》なな拒否は、問題となる現象の大部分が精神分析の外部では研究の対象とならなかった、という状況から理解できる。病理学的事実を知らない人、健常者の失錯行為を偶然の産物と考える人、夢はうたかた、という古くからの知恵で満足している人は、無意識的な心的な働きを仮定せずに済ませるためには、意識心理学のいくつかの謎を無視しさえすればよかった。ところで、催眠の実験、とりわけ後催眠暗示は、すでに精神分析の時代の前に、心的無意識の存在と作用様式をはっきりと示していたのである。

しかしまた、無意識の仮定は、私たちがそれを設定する際、私たちの慣れ親しんだ、正しいとされる思考様式から少しも逸脱していない、という点では完全に正当なものである。意識は私たちの一人一人に、ただ自分自身の心的状態しか知らせてくれない。他の人間もまた意識を持つということは、他者の知覚できる表出や行為に基づいて、類似によって引き出された推論であり、私たちはそのようにして他者のふるまいを理解するのである（心理学的には次のように述べるのがより正確だろう。私たちは特別に考慮することなく自分自身の性質や意識を自分以外の他者に付与するが、そのような同一化こそが私たちのものの見方の前提になっている）。この推論――あるいは同一化――は、かつて自我から他の人間、動物、植物、無生物へ、そして世界全体へと広がり、それらと個々の自我との類似が圧倒的に大きかったあいだは役に立っていたが、それらが自我から離れていくに従って信頼できないものになっていった。今日の私たちの批判的見解は、動物に意識があることを認めるのはすでに不確かだとし、植物の意識については認めることを拒絶し、無生物に意識を仮定するのは神秘主義だとみなしている。しかしまた、根源的な同一化の傾向が批判の試練に耐えた場合でも、つまり私たちに最も近い他者としての人間を対象とする場合でも、他者に意識があるという仮説は推論に基づくものであり、私たちが自分自身の意識について持つような直接的な確実性を共有してはいないのである。

精神分析が要求しているのは、この推論過程を私たちが自分自身にも向けてみること——もっとも、私たちは体質的にそのようなことをするように方向づけられてはいないのだが——にほかならない。もしそうするなら、次のように言わなくてはならないだろう。つまり、私が私について気づきながらも、私の他の心的生活とどう結びつけていいのか分からないあらゆる行為や表現は、あたかも別の人物に属しているように判断されなくてはならず、別の人物に帰せられている心的生活によって解明されるべきである、と。経験はまた、次のことを示している。すなわち、私たちは自分自身に対しては心的な承認を与えるのを拒むような行為でも、他人に関してはとてもうまく解釈する——つまり、心的な連関の中に組み入れて理解するのである。私たちの探究は、ここでは明らかに特殊な妨害によって自分自身から逸《そ》らされており、自分自身についての正しい認識が妨げられている。

内的な抵抗にもかかわらず、自分自身に向けられたこの推論過程は、しかし無意識の発見に導くのではなく、正確に言えば、もう一つ別の、第二の意識を仮定することに至る。この第二の意識は、私という人物の中で、私がよく知っている意識と結びついている意識である。しかし、ここに批判的見地から、当然いくつかの反論が差し挟まれることになる。第一に、その意識を持っている当人自身がそれについて何も知らない意識というのは、他人の意識とは違った何かである。そのような最も重要な性質が欠けている意識は、そもそも議論するに値するかどうかが疑わしい。無意識的な心的なものという仮定に反対する人は、それに代わって無意識的な意識が置き換えられたとしても、納得することはないだろう。第二に、分析の示すところによると、私たちが推定している個々の潜在的な心的過程は、あたかも互いに結びつきがなく、互いに何も知らないかのように、高度に相互の独立性を享受している。とするなら、私たちは第二の意識を認めるだけでなく、また第三、第四の、そしておそらくは無限の意識状態の系列があり、それらが全体として私たちには未知であり、またそれらが互いに何も知らないという事態になることを覚悟しなくてはならない。第三に、最も難しい議論として、次のことが問題になる。すなわち、分析的探究の経験によると、この潜在的過程の一部は、私たちにとってはよそよそしく、信じられないようにも思える性格と特性をそなえていて、私たちにはよく知られた意識の特徴とは真っ向から対立するのである。これは、自分自身に向けた推論を、この推論は私たちの中の第二の意識の存在を示しているのではなく、意識が関与しない心的行為の存在を示している、という方向に変える根拠となる。「下意識」という名称も、不正確で誤解を招くものとして退けてよいだろう。よく知られている「二重意識」（意識の分裂）の諸症例も、私たちの見解に対する反証にはならない。それらの症例では、心的活動が二つのグループに分割されていて、同じ意識が一方または他方の陣営に交互に向けられている、と記述するのが最も適切だろう。

心的過程をそれ自体、無意識的なものとして説明し、意識による心的過程の知覚を感覚器官による外界の知覚に喩える以外に、精神分析において私たちに残された道はない。このような喩えから私たちの認識にとって何か得るものがあるのではないか、という期待すら抱いている。無意識的な心的活動の精神分析的過程は、一方では至る所で私たちの意識の似姿を目の前に繰り広げる原始的アニミズムのさらなる発展のようにも見えるが、他方では私たちの外的知覚の把握の仕方についてカントが試みた修正の継承であるようにも見える。カントは、私たちの知覚が主観的に条件づけられているのを見逃すことがないように、また私たちの知覚を認識不可能な被知覚対象と同一のものとみなさないように警告したが、同じように、精神分析もまた意識的な知覚を、その対象である無意識的な心的過程と同じ場所に置かないように注意を促している。あらゆる物的なものと同様、心的なものも現実には私たちに見えるようなものである必要はない。しかし、内的知覚の修正が外的知覚の修正よりも大変な困難さをともなうものではなく、内的対象は外界よりも認識困難ではないということが分かれば、それで満足しておこう。

II　無意識の多義性と局所論的見地

先に進む前に、重要だが厄介な事実を確認しておきたい。それは、無意識性とは心的なものの一つの指標にすぎず、この指標は心的なものを決して十分には特徴づけていない、という事実である。無意識的であるという点では一致していても、きわめて異なる価値を持つ心的行為がある。無意識は、一方では単に潜在的で、一時的に無意識になっているが、その他の点では意識的な行為と何ら違いがない行為を含んでいる。また、他方では抑圧されたものがそうであるように、無意識が意識化される時には他の意識的な過程とははなはだ際立った違いを示す過程も含んでいる。私たちがこれからさまざまな心的行為を記述する際、それが意識的か無意識的かということをまったく度外視して、もっぱら欲動および目標との関係に従って、さらに相互に階層的に位置づけられた心的系に対する関連と所属に従って、心的行為を分類し、関連づけるなら、いっさいの誤解に終止符を打てるかもしれない。しかし、そのようなことは、さまざまな理由から実行不可能である。それゆえ、私たちは、意識的、無意識的という言葉を、ある時は記述的な意味で、そしてある時は体系の問題として——その場合、これらの言葉は一定の体系に所属すること、および何らかの特性を持つことを意味する――用いる、という曖昧さから逃れることはできない。認識された心的体系を、意識性を連想させることのない、恣意的に選ばれた名前で指し示すことで、そのような混乱を避けられるかもしれない。しかし、その前に、その体系の区別が依拠している根拠を明らかにしなくてはならず、その際には意識性という事柄を避けて通ることはできないのである。なぜなら、意識性が私たちのあらゆる研究の出発点になっているからである。おそらく、次のような提案が若干の手助けになることを期待できるだろう。それは、少なくとも表記する際に、意識をBwと、無意識を同じ略し方でUbwと書き換えることである。このとき、私たちはこれら二つの言葉を体系的な意味で用いている。

積極的な表現をするなら、精神分析の成果から見て、心的行為は一般に二つの状態相を通過し、その二つの状態のあいだには、ある種の試験（検閲）が介在している。最初の相では、それは無意識的なものであり、無意識（Ubw）系に属している。検閲の試験で拒絶されると、心的行為は第二の相に移行することができない。それは「抑圧された」のであり、無意識のままとどまることになる。しかし、この試験をうまく切り抜けたなら、心的行為は第二の相に入り、私たちが意識（Bw）系と呼ぶことにした第二の体系に属することになる。しかしながら、この心的行為の意識との関係は、系への所属性によって一義的に決まるわけではない。この心的行為は、まだ意識的ではないが、（J・ブロイアーの表現によれば）[*1]意識することができるものなのである。すなわち、それは今やある条件が整えば、特別な抵抗なしに意識の対象になりうる。このような意識化の可能性を考慮して、私たちは意識（Bw）系を「前意識」とも呼ぶ。前意識的なものの意識化に、ある検閲が関与することが明らかになれば、私たちは前意識（Vbw）系と意識（Bw）系をもっと厳密に区別することになるだろう。さしあたりは、前意識（Vbw）系は意識（Bw）系の特性を分かち持っていること、そして無意識（Ubw）から前意識（Vbw）（あるいは意識（Bw））への移行に際して厳しい検閲が働くことを確認すれば十分だろう。

　この（二つあるいは三つの）心的系を仮定することで、精神分析は記述的な意識心理学から一歩踏み出し、新たな問題設定と新たな内容を持つことになった。精神分析は、これまで主に心的過程の力動的見解によって記述的な意識心理学と区別されたが、今やそれに加えて心的局所論を考慮に入れるようになり、ある任意の心的行為が、どの系の内部で、またどの系のあいだで生じるかを明確にする。そのような傾向ゆえに、精神分析にはまた深層心理学という名前が与えられている。精神分析はまたさらに別の観点を持つのだが、その点についてはのちに述べることにしよう。

　もし心的行為の局所論に真剣に取り組もうとするなら、私たちはここで浮かび上がってくる次のような疑問点に関心を向けなくてはならないだろう。すなわち、ある心的行為（ここでは表象の性質を持つものに限定しよう）が無意識（Ubw）系から意識（Bw）系（前意識

（Vbw）系）への変換をこうむる場合、私たちはその変換が新たな固着、いわば当該の表象の第二の書き込み[*2]と結びついており、その固着はまた新たな心的局所性のもとに保持されるが、さらにそれと並んで本来の無意識的な書き込みも存在し続ける、と仮定すべきだろうか。あるいはむしろ、その変換の本質は同じ素材のまま、同じ局所性のもとで生じる一種の状態変化にある、と私たちは考えるべきだろうか。この問いは錯綜したものに見えるかもしれない。しかし、私たちが心的局所論、心的な深層の次元について、より確実な構想を獲得しようとするなら、問われなくてはならない問題である。この問題が難しいのは、それが純粋な心理学を越えて、心的装置と解剖学の関係に触れるからである。私たちは、おおよそながら、そのような関係があることを知っている。心的活動が他の器官にではなく脳の機能に結びついているということは、揺るぎのない研究の成果である。脳の各部位が異なった意義を持つこと、そしてその各部位が特定の身体部位および心的な活動との特別な関係を持つことが発見されたことで、どこまで先かは分からないが、さらに歩みを進めることができる。しかし、そこから心的過程の局在性を推測する試み、また神経細胞の中に表象が蓄えられると考え、興奮が神経繊維の上を移動するとみなす努力は、すべて根本的に挫折している。[*3]例えば、意識（Bw）系、すなわち意識的な心的活動の解剖学的な場所を脳皮質に認め、無意識の過程を皮質下の脳部位に置こうとする学説にも、同じような運命が待ち受けていることだろう。ここには現在では埋めることができない隙間があるが、それはまた心理学の課題ではない。私たちの心的局所論は、さしあたり解剖学とは何の関係もない。それは心的装置の部位――それは常に身体の中に位置づけられるだろうが――に関係しているが、解剖学的な局所性とは関係がない。

　したがって、この点に関して私たちの研究は自由であり、研究自体の要請に従って進んでいけばいいのである。私たちの仮説はさしあたりもっぱら図解的な説明を目論んでいるということを思い起こしてもらうのは無駄なことではないだろう。先に取り上げた二つの可能性のうち第一のもの、つまり表象の意識（Bw）の相は他の場所にあるその同じ表象の新たな書き込みを意味するという仮定は、確かに粗雑ではあるが、より便利な可能性である。第二の仮定、つまり単なる機能的な状態変化という仮定は、一見もっともらしいが、より具象性に乏しく、扱うのが容易ではない。第一の仮定、つまり局所論的な仮定には、無意識（Ubw）系と意識（Bw）系を局所的に分離するという仮定が結びついている。さらにまた、一つの表象が心的装置の二つの場所に同時に存在する可能性、それどころか、検閲によって制止されることがなければ、その表象がある場所から別の場所に規則的に移動でき、しかも最初の定着もしくは最初の書き込みを失わずに済むという可能性もある。これは奇妙に見えるかもしれないが、精神分析の実践から得た印象に基づくものである。

　私たちがある患者に、その患者がかつて抑圧した表象を推測して伝えたとしても、最初のうちは患者の心的状態に何の変化ももたらさない。とりわけ抑圧は廃棄されない。また、かつて無意識的だった表象が今は意識的になったのだから期待できそうなことなのだが、抑圧の結果が解消されることもない。その逆に、まずは抑圧された表象は改めて拒否される。だが、今や患者は実際に同じ表象を二重の形式で、心的装置の異なる場所に持つことになったのである。第一に、私たちが抑圧された表象を伝えることによって、患者はその表象の聴覚痕跡の意識的想起を持つことになる。第二に、私たちが確実に知っているように、患者はそれと並んで、経験したことの無意識的想起を以前の形式のまま自分の内に持ち続けている。実際のところ、抑圧の廃棄は、抵抗の克服のあとに意識的表象が無意識的な想起痕跡[*4]と結びつくまでは起こらない。まさにこの無意識的な想起痕跡が意識化されることによって、初めて成果が得られる。このことは、表面的に考えるなら、意識的表象と無意識的表象は、同じ内容を持ちながらも、局所論的に区別された別々の書き込みであることを示しているように思われる。しかし、もう少し深く考察を進めるなら、私たちが患者に伝えた抑圧された表象と、患者の抑圧された想起の同一性は、単に見せかけの同一性にすぎないことが分かる。聞いたことと体験したこととは、たとえそれらが同じ内容だとしても、心理学的な性質のまったく異なる二つのものなのである。

したがって、私たちは今のところ、議論してきた二つの可能性のどちらかに決めることはできない。おそらく、のちになれば、二つのうちのいずれかに決められる要因に出会うかもしれない。おそらく問いの立て方が十分ではなかったこと、そして意識的表象と無意識的表象の区別はまったく別様に決めなくてはならなかったことにすぐに気づくだろう。[*5]

III　無意識の感情

これまでの議論は表象にしぼってきたが、今や私たちの理論的見解を明確にするのに役立つに違いない新しい問いを投げかけることができる。私たちは意識的表象と無意識的表象が存在するとしてきたが、では無意識的な欲動の動き、無意識的感情、無意識的感覚というものもあるのだろうか。あるいは、この場合、このような複合語を作り上げるのは無意味なことだろうか。

実のところ、私は意識と無意識の対立は欲動には適用されないと考えている。欲動は決して意識の対象になりえない。ただ、欲動を代理する表象だけが意識の対象になりうるのである。さらにまた、無意識においても、欲動を代理するものは表象の他にはない。もし欲動が表象につなぎとめられていないなら、あるいは情動状態として現れないなら、欲動については何も知ることができないだろう。それにもかかわらず、私たちは無意識的な欲動の動き、あるいは抑圧された欲動の動き、という言い方をする。それは無害ではあるが粗雑な表現である。そのような言い方をする場合には、ある欲動の動きについて、その表象代理が無意識的であることを意味しているのであって、それ以外のことは考慮されていない。

無意識的感覚、感情、情動に関する問いに対しても、同じように簡単に答えることができると思う人がいるかもしれない。感情に気づくということ、つまり感情が意識に知られるようになるということは、確かに感情の本質に属することである。したがって、感情、感覚、情動に関しては、それらが無意識になっているという可能性はまったくあてはまらない。しかし、精神分析の実践において、私たちは無意識の愛や憎しみ、怒りなどについて語ることに慣れている。そして、「無意識的罪責意識」といった奇妙な合成語や、逆説的な「無意識的不安」といったものさえ避けられないものと思っている。このような言葉の用い方は、「無意識的欲動」と言う場合より意味があるものと言えるだろうか。

実のところ、ここでは事情は別である。まず情動もしくは感情の動きは、知覚はされるが誤認されるということが起こりうる。情動もしくは感情の動きは、その本来の代理が抑圧されることで別の表象に結びつくよう強いられる。そうすると、今度は、その情動もしくは感情の動きは、意識の側からは別の表象の表出とみなされることになる。私たちがその正しい関連を再構築するなら、本体の情動の動きは「無意識的」な情動の動きと呼ばれることになる。もっとも、その情動は一度も無意識だったことはなく、ただその表象が抑圧されていただけなのである。「無意識的情動と無意識的感情」という表現を用いる場合、それは一般に、抑圧の結果として生じる、欲動の動きの量的因子がたどる運命を指し示している（「抑圧」論文を参照のこと）。この運命は三通りありうることを私たちは知っている。すなわち、情動が完全にあるいは部分的にそのまま存続するか、あるいは情動が質的に別の情動量、とりわけ不安に変換されるか、あるいは情動が抑え込まれるか、つまりその発展をまったく阻止されてしまうか、である（これらの可能性については、おそらく神経症よりも夢作業に際して、いっそう容易に研究できるだろう）。私たちはまた、情動の展開の制止こそが抑圧の本来の目的であり、その目的が達せられないうちは抑圧の働きは終わらない、ということも知っている。抑圧が情動の展開の制止に成功している場合はいつも、その制止された情動――この情動は抑圧の仕事を無効にすることによって再び取り戻される――を私たちは「無意識の」情動と呼んでいる。したがって、この言葉の用い方が首尾一貫していることは疑いようもないが、無意識の表象と比較して、次のような重要な違いがある。すなわち、無意識の表象は、抑圧のあとでも無意識（Ubw）系において現実の形成物として存続するが、一方、無意識の情動は、無意識（Ubw）系では、展開を阻止されている潜在的な兆《きざ》しとだけ対応している。厳密に言うなら、言葉の用い方は申し分ないものだとしても、無意識の表象があるように無意識の情動があるとは言えない。しかし、もちろん、無意識（Ubw）系でも他の形成物と同様に意識的になっていく情動形成物があるだろう。このような違いは、表象が備給――根本的に想起痕跡の――であるのに対して、情動もしくは感情は放出過程に対応しており、その最終的な表出が感覚として知覚されるものであることに由来している。情動と感情についての私たちの知識の現状では、これ以上明確にこの違いを表現することはできない。

抑圧によって欲動の動きが情動の表出に転換するのを阻止しうる、という点を確認しておくことは、私たちにはとりわけ意義深い。この事実は、意識（Bw）系が通常は運動性への通路と同様に、情動性を支配していることを示している。このことは、抑圧がその結果として、ただ意識から遠ざけるだけではなく、情動の展開や筋肉活動の発動をも阻止することも示しており、抑圧というものの価値を高めている。逆の言い方をすれば、意識（Bw）系が情動性と運動性を支配しているかぎり、私たちはその個人の心的状態を正常と呼んでいるのである。しかし、この二つの相互に隣接する放出行為に対して、支配する系が持つ関係には、明白な違いがある。[1] 随意運動に対する意識（Bw）系の支配は強固であり、神経症の圧力に対しては決まって抵抗し、精神病になって初めて崩壊することになるが、その一方で情動展開に対する意識（Bw）系の支配は、それほどしっかりしたものではない。なお、正常な生活の中でも、意識（Bw）系と無意識（Ubw）系のあいだでは、情動に対する優位性をめぐる絶え間ない争いが認められ、互いの影響領域が区画化されて、作用する力の混合物が生じる。

情動放出および行動への接近に際して意識（Bw）（前意識（Vbw））系が持つ重要性から、私たちは疾病形成の際に代替表象に割り当てられている役割をも理解できるようになる。無意識（Ubw）系から直接に情動の展開が生じることもありうるが、その場合、それは常に不安の性質を持ち、あらゆる「抑圧された」情動がその不安と取り替えられる。しかし、しばしば欲動の動きは、意識（Bw）系に何らかの代替表象を見つけ出すまで待たなくてはならない。

情動の展開は、この意識的な代替によって可能になり、情動の質的性格はその代替の性質によって決定される。すでに述べたように、抑圧の際には、情動がその表象から分離し、両者はそれぞれ別の運命をたどることになる。このことは記述的には疑う余地のないことだが、現実の過程では、情動が意識（Bw）系を突破し、そこに新たな代行を作り出すことができるようになるまでは、情動は現れてこないのが通例である。

Ⅳ　抑圧の局所性と力動性

私たちは、抑圧が基本的に無意識（Ubw）系と前意識（Vbw）（意識（Bw））系の境界にある表象に対して働く過程であるという結果を得たが、ここで改めてその過程を詳細に記述することにしよう。その際、当然、問題となるのは備給の撤収ということだが、撤収がどの系で起こり、撤収された備給がどの系に属することになるのかが問われることになる。

抑圧された表象は、無意識（Ubw）系の中で活動能力を持ち続けている。それゆえ、その備給は保持されているに違いない。撤収されたものは何か別のものでなければならない。[*6] 前意識的表象、あるいはすでに意識的になった表象に対して働く本来の抑圧（「あとからの抑圧」）を例にとれば、そこでは抑圧はただ、前意識（Vbw）系に属している（前）意識の備給が表象から撤収されることで成立している。表象は、その場合、備給されないままであるか、無意識（ubw）な備給を保持するかのいずれかである。つまり、前意識的な備給が撤収されるか、無意識的な備給が保持されるか、あるいは前意識的な備給が無意識的な備給によって代替されるかのいずれかである。ところで、このような考察は、無意識（Ubw）系から次の系への移行が、新たな書き込みによってではなく、備給の変化という状態変化によって生じる、という仮説に知らぬ間に依拠してしまっていることに気づく。ここでは機能的な仮説が局所論的な仮説を難なく押しのけてしまったのである。

しかし、このようなリビドー撤収の過程は、抑圧のもう一つ別の性格を理解するのには十分ではない。それでは、どうして備給されたままの、あるいは無意識（Ubw）系から備給を受けた表象が、その備給によって改めて前意識（Vbw）系に入り込もうとしないのかが分からない。もしそのような試みが起きるなら、この表象からのリビドー撤収は反復されることになるに違いないし、この同じ作業は終わりなく続くことになるだろう。そして、このような帰結を抑圧の結果だとはとても言えないだろう。同じように、原抑圧の記述を問題にする場合も、今述べたような前意識的な備給を撤収するというメカニズムは役に立たないだろう。というのも、原抑圧の場合、問題になるのは前意識（Vbw）系からまったく備給を受けたことがない無意識の表象であり、そのような表象から前意識の備給を撤収することなどできないからである。

したがって、ここで第一の場合、つまり「あとからの抑圧」の場合には抑圧を維持し、第二の場合、つまり原抑圧の場合には抑圧の確立と持続をはかるような、もう一つ別の過程が必要になってくる。そのような過程は、ただ対抗備給というものを仮定することによって見出すことができる。対抗備給によって、前意識（Vbw）系は無意識的表象の圧迫から守られている。前意識（Vbw）系で起きているこのような対抗備給がどのように現れるかということは、臨床的事例に見て取ることができるだろう。対抗備給は、原抑圧を維持するエネルギーを表しているが、また原抑圧の安定性を保証している。対抗備給は原抑圧の唯一のメカニズムである。本来の抑圧（「あとからの抑圧」）では、前意識的（vbw）な備給の撤収が付け加わる。表象から撤収された、まさにその備給が対抗備給として用いられる、というのは十分に起こりうることである。

　私たちは、心的現象の説明において、力動的観点、局所論的観点の他に、経済論的という第三の観点を徐々に強調するようになったことに気づく。それは興奮量の運命を追跡し、少なくともその相対的な査定を行うことを目指している。精神分析的探究の完成である、このような観察方法を特別な名前で呼ぶのは不当なことではないだろう。心的過程を、その力動論的、局所論的、そして経済論的諸関係に基づいて記述することがうまくいくなら、私はそれをメタサイコロジー的説明と呼ぶことを提案したい。ただし、私たちの洞察の現段階では、それはただ個々の局面でしか達成されないであろうことを、あらかじめ断っておくことにする。

私たちは、よく知られた三つの転移神経症における抑圧過程のメタサイコロジー的記述を慎重に試みてみようと思う。その際、私たちは「備給」という用語を「リビドー」という用語で置き換えてもかまわないだろう。というのも、そこでは周知のように性欲動の運命が問題になっているからである。

不安ヒステリーの過程の第一の段階は、しばしば見逃され、もしかすると実際に無視されてさえいるが、注意深く観察するなら、はっきり認めることができる。この段階では、何に対する不安かが分からないまま、不安が出現する。例えば、無意識（Ubw）に愛情の動きがあり、前意識（Vbw）系への移動を求めている場合を想定してみよう。しかし、前意識（Vbw）系から愛情の動きに与えられていた備給が、一種の逃避を試みるような形で愛情の動きから撤収されると、拒絶された表象の無意識的なリビドー備給が不安として放出される。この過程が場合によっては反復される際に、不快な不安の発展を克服しようとする最初の一歩が踏み出される。すなわち、逃避していた（前意識（Vbw）の）備給は代替表象へと向けられる。この代替表象は、一方では拒絶された表象と連想による結びつきをもち、他方では拒絶された表象から遠ざかることによって抑圧を免れ（移動による代替）、まだ抑制しきれない不安の展開の合理化を可能にしたのである。代替表象は今や、意識（Bw）（前意識（Vbw））系にとって対抗備給の役割を果たしている。というのも、この代替表象は、抑圧された表象が意識

（Bw）の中に出現するのに対抗して、この系を守ることを保証しているからである。他方で、代替表象はますます抑制できなくなった不安情動の解放の出発点となる（あるいは出発点のような働きをする）。臨床的観察によれば、例えば動物恐怖症の子供は、二種類の異なる条件のもとで不安を感じる。第一は抑圧された愛の動きが強まる時であり、第二は不安を引き起こす動物を知覚する場合である。代替表象は、ある場合には無意識（Ubw）系から意識（Bw）系への移行の場所であるかのように働き、別の場合には不安放出の独立した源泉のようにふるまう。意識（Bw）系の支配の拡大は、代替表象の第一の興奮様式が、第二の興奮様式と比べて、ますます影を潜める点に現れるのが常である。おそらく子供は、最終的に、あたかも父には何の愛着もなく、父からまったく自由になったかのように、そして実際に動物が彼に不安を引き起こしているかのようにふるまうだろう。ただし、この動物恐怖は無意識的な欲動源泉によって育《はぐく》まれているので、意識（Bw）系からのいかなる影響によっても制御できないほど過大である。そして、この点において、この動物不安が無意識（Ubw）系に由来していることが表れている。

このように、意識（Bw）系からの対抗備給は、不安ヒステリーの第二段階では、代替形成をもたらしたのである。これと同じメカニズムが、まもなく新たな適用を見出すことになる。抑圧過程は、周知のように、これで終了したのではなく、代替物に端を発する不安の展開を阻止することに次の目標を見出す。これは、代替表象と連想的に結びついた周辺全体が特に強く備給され、その結果、周辺全体が興奮に対する高度の感受性を示す、という形で起こる。この周辺部分のどの場所の興奮も、代替表象と結びついているため、わずかな不安の展開を引き起こすきっかけを与えるに違いないが、それは今や信号として用いられ、備給の新たな逃避によって、不安の展開の進行が制止される。鋭敏で注意深い対抗備給が、恐れられている代替物からより遠いところにもたらされるほど、その代替表象を孤立させ、それが新たに興奮するのを防ぐ、というこのメカニズムは、いっそう精密に機能しうる。もちろん、このような警戒は、外から知覚を通して代替表象に近づこうとする興奮だけを防御するのであって、抑圧された表象との結びつきを通して代替表象に至る欲動の動きに対しては防御にならない。つまり、この警戒は代替物が抑圧されたものの代役を十分に引き受けた時に初めて作動し始めるのであって、その作動は完全に信頼できるものではない。欲動の動きが高まるごとに、代替表象のまわりの防御壁は少し外側に移動させなくてはならない。こうした構築の全体は――他の神経症でも同様の仕方で生じるが――恐怖症という名で呼ばれるものである。代替表象の意識的備給を前にした逃避の表現は、回避、断念、禁止であり、不安ヒステリーによく見られるものである。この全体の過程を見渡すと、第三段階は第二段階の仕事をより大規模に繰り返したものだと言える。意識（Bw）系は今や代替表象の活性化に対して、代替表象の周辺に対抗備給を行うことでみずからを保護しているのだが、それは、それ以前には、抑圧された表象の浮上に対して、代替表象に備給することでみずからを守っていたのと同じである。移動による代替物形成は、このような形で続いていたのである。意識（Bw）系は、以前は、抑圧された欲動の侵入する門、すなわち代替表象となる小さな場所を持っていただけだったが、最後には恐怖症の外側の構造全体が、無意識の影響が及ぶこのような「飛び地」になってしまうことを、ここに付け加えなくてはならない。さらに、次のような興味深い観点を指摘することができる。つまり、このような防衛メカニズムをすべて働かせることによって、欲動の危険を外界に投射することが成し遂げられたのである。自我はあたかも、不安の展開の危険が、欲動の動きの側から迫っているのではなく、知覚の側から迫っているかのようにふるまい、それゆえに、恐怖症的な回避をともなった逃避の試みでこの外界の危険に反応することができる。この抑圧の過程において、不安の放出をある程度抑えることに成功するのだが、それは個人の自由の重大な犠牲を代償にしているのである。欲動の要求を前にした逃避の試みは一般に役に立たないものであり、恐怖症的な逃避の成果はやはり期待外れなまま終わる。

私たちが不安ヒステリーに認めた事柄の大部分は他の二つの神経症にも大部分はあてはまるので、議論を対抗備給の違いと役割に限定することができる。転換ヒステリーでは、抑圧された表象の欲動備給は症状の神経支配に変換される。無意識的表象が、この神経支配への放出によって、どの程度まで、そしてどのような状況において、備給を空にされ、その結果、意識（Bw）系に押し入るのを放棄するか、という問題、そしてそれに類似した問いは、ヒステリーの個別的な研究のために残しておくほうがいいだろう。意識（Bw）（前意識（Vbw））系に由来する対抗備給の役割は、転換ヒステリーにおいては明らかで、症状形成という形で現れる。欲動代理のどの部分に欲動代理の備給の全体を集中させればいいか、という選択を行うのが、対抗備給なのである。症状になるように選ばれたこの部分は、次の条件を満たすことになる。つまり、欲動の動きの欲望目標を表現するとともに、意識（Bw）系の防衛あるいは懲罰の要求をも表現する。したがって、この部分は過剰備給され、不安ヒステリーの代替表象と同じように、両方の側から支えられているのである。私たちは、この関係からただちに次のような帰結を導き出すことができる。つまり、意識（Bw）系が抑圧の際に消費するエネルギーは、症状の備給エネルギーのように大きなものである必要はない。というのも、抑圧の強さは働いている対抗備給によって測られるが、症状はただ単にこの対抗備給によって支えられているだけでなく、症状の中に圧縮されている無意識（Ubw）系からの欲動備給によっても支えられているからである。

強迫神経症については、前述の論考[*7]で述べた見解に次のことを付け加えておけばいいだろう。すなわち、この神経症では、意識（Bw）系の対抗備給がきわめて明白に前景に出ている。反動形成として組織化され、最初の抑圧を用意するのは、この対抗備給であり、またのちになって抑圧された表象の侵入の突破口が生じるのも、この対抗備給に対してなのである。不安ヒステリーや強迫神経症において、抑圧の作業が転換ヒステリーに比べて成功していないように見えるのは、それらの神経症では対抗備給が優勢で、放出が欠落していることによるのではないかと考えていいだろう。

V　無意識（Ubw）系の特性

二つの心的系の一つである無意識（Ubw）系の過程がそれに隣接する上位の系には見出されない特性を示すことに注意を向けるなら、二つの心的系の区別はある新たな意義を持つようになる。

無意識（Ubw）系の核は、その備給を放出しようとしている欲動代理から、つまり欲望の動きから成り立っている。これらの欲動の動きは互いに共存していて、互いに影響を受けることなく存在し、相互に矛盾をきたすことはない。それぞれの目標がとても両立するとは思えない二つの欲望の動きが同時に活性化される時でさえ、その二つの動きは、例えば離反したり相殺し合ったりすることがなく、中間的目標の形成、つまりは妥協形成をするように歩み寄る。

この系には、否定もなければ懐疑もなく、確実性の度合いもない。これらはすべて、無意識（Ubw）系と前意識（Vbw）系のあいだの検閲の作業によって初めて導入される。否定は高次の段階に属する抑圧の代替である。無意識（Ubw）系には、いずれにせよ強く備給された内容が存在するだけである。

そこでは備給の強度の著しく大きな可動性が支配している。ある表象は移動の過程によって別の表象にその備給の全量を引き渡すこともできれば、圧縮によって他のいくつかの表象の備給の全体をみずから引き受けることもできる。私はこの二つの過程を、いわゆる心的一次過程の特徴的な標識とみなすことを提案した。[2] 前意識（Vbw）系では、二次過程が支配的である。このような一次過程が前意識（Vbw）系の諸要素のあいだに起こった場合、それは「滑稽」なものに見え、笑いを引き起こす。

無意識（Ubw）系の諸過程は、無時間的である。すなわち、その諸過程は時間的に秩序づけられているのではなく、また時間の経過によって変化しない。そもそも、それらは時間との関係を持っていない。時間との関係もまた、意識（Bw）系の仕事と結びついている。

無意識（Ubw）系の諸過程は、また現実を考慮しない。それは快原理に従っている。その運命は、その諸過程がどれほど強いか、その諸過程が快不快調整の要求を満たすかどうかにのみ依拠している。

要約してみよう。無矛盾性、一次過程（備給の可動性）、無時間性、心的現実による外界の現実の代替は、無意識（Ubw）系に属している諸過程に見出せると予想できる性質である。[3]

無意識の諸過程は、私たちには、ただ夢や神経症という条件のもとでのみ知ることができる。つまり、高次の無意識（Ubw）系の諸過程が低次化（退行）によって以前の段階に引き戻された時に、ということである。無意識の諸過程は、それ自体としては知ることができず、またそれ自体として存在することができない。というのも、無意識（Ubw）系は非常に早い段階に前意識（Vbw）系に覆われてしまい、この前意識（Vbw）系が意識および運動への通路を奪い取ってしまったからである。無意識（Ubw）系の放出は情動の展開の身体神経支配に向かうが、この放出経路でも、すでに見たように前意識（Vbw）系との争いが生じる。無意識（Ubw）系が、ふつうの状態で――反射としてすでに組織化された筋肉運動は例外として――単独で、合目的的な筋肉活動をもたらすことはない。

このように記述してきた無意識（Ubw）系の諸特性の十全な意味は、それを前意識（Vbw）系の特性と対置させ、それと比べるとき、初めて明確になるだろう。しかし、そうすることは私たちをはるか遠くに導くことになるので、ここで再び猶予をもらい、この二つの系の比較には、より高次の系の考察を結びつけながら取り組むことを提案したい。ただし、最も緊急となる事柄だけは、今の時点で述べておくべきだろう。

前意識（Vbw）系の諸過程は――それがすでに意識的になっているか、単に意識化可能な状態であるかとは無関係に――備給された表象の放出傾向の制止を示している。ある表象から別の表象へと過程が推移するとき、はじめの表象はその備給の一部を保持していて、ほんのわずかな部分が移動をこうむる。一次過程におけるような移動や圧縮は、除外されているか、非常に制限されている。このような事情から、J・ブロイアーは心的生活における備給エネルギーの二つの異なる状態を認めるようになった。[*8] 一つは緊張し、拘束された状態であり、もう一つは放出に向かう自由可動性の状態である。私は、この区別が神経エネルギーの本質について、これまでのところ私たちが得た最も深い洞察を提示していると思う。また、この区別を避けて通る術を知らない。この点について議論を進めていくことが、メタサイコロジー的な提示の緊急の必要性——しかし、おそらくあまりに大胆な企て——だろう。

さらに、前意識（Vbw）系には次のようなことが課されている。すなわち、表象内容のもとでの交通能力を確立し、そして表象内容が相互に影響し合うのを可能にすること、それらの内容に時間的秩序を与えること、一つまたは複数の検閲を導入すること、そして現実検討と現実原理である。また、意識的な記憶は、もっぱら前意識（Vbw）に依存しているように見える。意識的な記憶は、無意識（Ubw）の経験の中に固定する想起痕跡とは厳密に区別されるべきである。意識的な記憶は——私たちが意識的表象と無意識的表象の関係のために想定しようとしたが、すでに放棄してしまった——あの特別な書き込みに、[*9] おそらくは対応している。このような文脈の中で、今のところ無方針に、ある時は前意識（Vbw）、ある時は意識（Bw）と呼んでいる、高次の系の命名の際に私たちが陥っている躊躇に終止符を打つ方法がまた見つかるかもしれない。

一方でまた、私たちが二つの系の心的機能の配分について明確にしたことを、あまりに性急に一般化すべきではない、とここで警告しておいたほうがいいだろう。私たちは成人に見られる状態を記述しているのであり、そこでは厳密な意味での無意識（Ubw）系は、より高次の編成の前段階として機能しているにすぎない。個人の発達の中で無意識（Ubw）系がどのような内容とどのような関係を持つようになるのか、また動物において無意識（Ubw）系にはどのような意味が与えられているのかということは、私たちの記述から導き出されるものではなく、独自に研究されるべき問題である。また、例えば両体系がその内容も性格も変え、さらには相互に入れ替わるという病的な条件が人間に見出されるかもしれないことを覚悟しておかなくてはならない。

VI　二つの系の間の交通

すべての心的作業が前意識（Vbw）によって行われているあいだ、無意識（Ubw）は休止しており、それは何か用済みのもの、痕跡器官のようなもの、発達の残滓のようなものだと考えるのは、やはり間違っているだろう。また、二つの系の交通が抑圧の作用だけに限定されていて、前意識（Vbw）は邪魔になると思えるものすべてを無意識（Ubw）の深淵に投げ入れる、と仮定するのも正しくはないだろう。そうではなく、無意識（Ubw）は生きもので、発展することができ、前意識（Vbw）に対してはいくつかの別の関係を持っていて、その中には協力関係さえある。要約すれば、次のように言わなくてはならない。無意識（Ubw）は、いわゆる派生物につながっていて、生活の営みに入り込み、絶えず前意識（Vbw）に影響を与え、またそれ自身は前意識（Vbw）の側からの影響に従ってさえいるのである。

無意識（Ubw）の派生物の研究は、二つの心的系を図式的に明確に区別できるという私たちの期待に根本的な幻滅をもたらすことになるだろう。それはきっと私たちの成果に対する不満を呼び起こし、またおそらくは心的過程の区分の仕方の意義に疑問を投げかけるのに利用されるかもしれない。しかし、私たちは観察の結果を理論に置き換えることを課題としているだけであり、円滑で、単純さが売りになるような理論に一気に到達することを責務だとは思っていないと主張しておきたい。私たちは理論が観察にとって適切であるかぎり、理論の複雑さを擁護するだろう。そしてまた、その理論によって、それ自体としては単純であるが、現実の複雑さを説明できるような、事態の最終的な認識に導かれる、という期待をあきらめないだろう。

これまでに述べてきたような性質を持つ無意識的（ubw）な欲動の動きの派生物の中には、みずからの内に相反する規定を併せ持っているものがある。それらは、一方では高度に組織化されていて、矛盾がなく、意識（Bw）系のすべての獲得物を利用しており、私たちの判断では意識（Bw）系の形成物とほとんど区別がつかない。他方では、それは無意識的であり、意識的になる力がない。すなわち、このような派生物は、質的には前意識（Vbw）系に属するが、事実上は無意識（Ubw）系に属している。これらの派生物の出自は、その運命にとって決定的なものであり続ける。このような派生物は、人種間の混血の人に喩えることができるだろう。彼らは全体として見ると白人に似ているが、何らかの目立った特徴によって、その有色人種的な出自が漏れてしまい、それゆえ社会から締め出されて、白人の特権を享受できないのである。正常な人および神経症者に見られる空想形成とはこのようなものであり、私たちはそれを夢形成あるいは症状形成の前段階として認めたのだった。それらは高度な組織化にもかかわらず、抑圧されたままであり続け、そうである以上、意識化することができない。それらは意識の近くに達して強い備給を持たないかぎり妨げにはならないが、備給のある高さを越えるや否や押し戻されてしまう。代替形成物もまた、同じように高度に組織化された無意識（Ubw）の派生物である。しかし、この派生物は好都合な関係が整えば、例えば前意識（Vbw）の対抗備給と連携したような場合には、意識に侵入することに成功するのである。

私たちが別のところで意識的になる条件をより詳細に検討するとき、ここに浮かび上がってきた困難さの一部は解決されるだろう。ここでは、無意識（Ubw）から出発して得られたこれまでの考察に、意識という観点から始める考察を対比させるのが有益であると思われる。意識に対して、心的諸過程の全体は前意識の領域として姿を現す。この前意識の大部分は、無意識に由来し、無意識の派生物という性質を持ち、意識的になる前には検閲の支配下にある。前意識（Vbw）の他の部分は、検閲を受けることなく意識化される。ここで私たちは以前の仮説との矛盾に突きあたることになる。抑圧について考察する際、私たちは意識的になることを決定する検閲を無意識（Ubw）系と前意識（Vbw）系のあいだに設けざるをえなかった。しかし、今や私たちは前意識（Vbw）系と意識（Bw）系のあいだに何らかの検閲を設けようとしている。しかし、私たちはこのような錯綜に困難さを覚えるのではなく、一つの系からその上位の系へのあらゆる移行の際には、つまり心的編成がより高度な段階に進展する際には、そのたびに新たな検閲がある、と仮定するのがよいだろう。ただし、この仮定は、書き込みが次々に更新されるという仮定を無効にしてしまう。

これらすべての困難さの理由は、意識性という私たちに直接与えられる心的過程の唯一の特性が、いかなる仕方でも系という区別には適していない、という点に求められなくてはならない。意識が常に意識されているのではなく、時折、潜在化されていることは別にしても、前意識（Vbw）系の特性を共有している多くのものは意識的にならないことを観察事実は示している。そしてまた、意識的になるということが注意の一定の方向づけによって制限されてしまっていることを私たちは知らなくてはならない。このように、意識はさまざまな系に対しても、また抑圧に対しても単純な関係を持っているのではない。実際のところ、意識にとっては心的に抑圧されたものだけが異質なものなのではなく、私たちの自我を支配している動きの一部、つまり抑圧されたものに対して機能的に非常に強く対立するものもまた意識にとって異質なものであり続ける。心的生活のメタサイコロジー的な考察に深く入り込もうとすればするほど、私たちは「意識性」という徴候に与えられた重みからみずからを解放することを学ばなくてはならないのである。

「意識性」にこのように執着しているかぎり、私たちの一般化は常に例外から打撃を受けることになるだろう。私たちは、無意識（Ubw）[*10]の派生物が代替形成物として、また症状として意識的になると考えている。そして、一般にこの派生物は無意識的なものが大きな歪曲をこうむったものだが、しかしなお、しばしばさらに多くの抑圧を呼び起こす特質を保持している。私たちは、その性質からして十分に意識的になってもおかしくないと思われる多くの前意識的な形成物が無意識のままとどまっているのを見出す。おそらく、それらの形成物では、無意識（Ubw）系の強い牽引力が影響力を行使しているのだろう。より重要な差異は、意識と前意識のあいだではなく、前意識と無意識のあいだに求められるべきである。無意識（Ubw）は前意識（Vbw）との境界で検閲によって押し戻されるが、無意識（Ubw）系の派生物はこの検閲を迂回し、高度に組織化され、前意識（Vbw）系において一定の強度の備給に達するまで成長することができる。しかし、それがある一定の強度を越え、意識に押し入ろうとするなら、無意識（Ubw）の派生物として認識され、前意識（Vbw）と意識（Bw）のあいだの新たな検閲の境界で改めて抑圧されるのである。最初の検閲は無意識（Ubw）そのものに作用し、あとの検閲は無意識の前意識的（vbw）な派生物に作用する。検閲が個人の発達の経過の中で一歩前に進んだと考えてよいだろう。

精神分析的治療は、私たちに第二の検閲、つまり前意識（Vbw）系と意識（Bw）系のあいだの検閲が存在することの疑いようのない証拠をもたらした。私たちは患者に対して、無意識（Ubw）の派生物を数多く形成するよう促す。そして、その前意識的な形成物が意識的になることに対する検閲からの妨害に打ち勝つように仕向ける。私たちは、この検閲を乗り越えることで、その前の検閲が成し遂げていた抑圧を破棄する道を切り開くのである。さらに注釈を付け加えておくなら、前意識（Vbw）と意識（Bw）のあいだの検閲の存在は、意識的になることとは単なる知覚行為ではなく、おそらく過剰備給であり、心的編成の新たな進歩を示しているのである。

何か新しいことを突きとめるというより、きわめて明白なものを見落とさないように、無意識（Ubw）系と他の系とのあいだの交通に目を向けることにしよう。それぞれの系は、欲動活動の根のところで、最も豊かに相互に交流し合っている。そこで興奮している過程の一部は、準備段階を通るかのように無意識（Ubw）を通り抜け、意識（Bw）における最も高度な心的発達に達するが、また別の一部は無意識（Ubw）として引き止められる。しかし、無意識（Ubw）は外的知覚に由来する経験にも影響される。知覚から無意識（Ubw）に至る通路は、ふつうは開いたままだが、無意識（Ubw）からさらに延びる通路になって初めて、抑圧による遮断をこうむる。

一人の人間の無意識（Ubw）が意識（Bw）を迂回して別の人間の無意識（Ubw）に反応するこ

とができるというのは、きわめて注目に値することである。この事実は、より詳細に検討する価値がある。とりわけ前意識的な活動がこの場合に除外されるかどうかを明確にするためだが、記述の水準においては疑いの余地はない。

前意識（Vbw）系（あるいは意識（Bw）系）の内容は、一部は（無意識（Ubw）を介して）欲動生活に由来し、また別の一部は知覚に由来している。この系の過程が無意識（Ubw）にどこまで直接的な作用を及ぼしうるものかは疑問である。病理的な症例の研究は、しばしば無意識（Ubw）の、ほとんど信じ難いほどの独立性と影響を受けつけない性質を示すからである。諸傾向が全体としてばらばらに分岐すること、両方の系が完全に崩壊することが、一般に病気であることの特徴である。しかし、分析治療は意識（Bw）が無意識（Ubw）に対して影響を行使することによって成立している。そして、いずれにせよ、そのような試みがどれほど骨の折れるものだとしても不可能ではないことを示している。二つの系のあいだを仲介する無意識（Ubw）の派生物は、すでに述べたように、この作業のための道筋をつけてくれる。しかし、意識（Bw）の側からの影響で自発的に生じる無意識（Ubw）の変化は、困難でゆっくりとした過程だと仮定していいだろう。

前意識的な動きと、無意識的な、それ自体が強力に抑圧されている動きとのあいだに協調作用が起きることもある。それは無意識的な動きがさまざまな支配的な欲求の一つと同じ方向で作用するような事態が生じた場合である。この場合、抑圧は解除され、抑圧されていた活動は自我が意図する活動を強化するものとして容認される。無意識は、この特殊な状況では自我適合的なものになるものの、それが抑圧されているという点では、別段何の変化もない。この協調作用において、無意識（Ubw）の成果は明白である。つまり、強化された諸傾向は通常の傾向とは違ったふるまいをし、それらはことのほか完璧な作業をこなして、反対するものに対しては、例えば強迫神経症と類似した抵抗を示すのである。

無意識（Ubw）の内容を心的な領域の原住民に喩えることができるだろう。人間においても、遺伝的な心的形成物、何か動物の本能に類似したものがあるとすれば、それが無意識（Ubw）の核を構成するだろう。のちになると、幼年期の発達のあいだに無用になって取り除かれるものがそこに加わるが、これはその性質からして遺伝的なものと区別する必要はない。二つの系の内容の明確で決定的な区別は、一般に思春期になって初めて確立するのである。

Ⅶ　無意識の承認*11

これまで展開してきた議論は、ただ夢生活や転移神経症の知識だけから取り出してきたものである。そのかぎりにおいて、私たちは無意識（Ubw）について以上のようなことを述べることができた。確かに、それは豊富ではないし、ところどころ不明瞭で混乱している印象を与えるだけではなく、とりわけ無意識（Ubw）をすでに知られた連関の中に配置し、その中に組み入れる可能性を示していないのは残念でもある。私たちがナルシス的精神神経症と呼ぶ疾患の一つを分析してみて初めて、謎に満ちた無意識（Ubw）を近くに引き寄せ、手につかんだも同然と言えるような構想が与えられるだろう。

アブラハムの仕事[*12]（一九〇八年）――この誠実な著者は、それを私の論考に刺激を得たものだとしているが――以来、私たちはクレペリンの早発性痴呆（ブロイラーの統合失調症）を、自我と対象の対立に関して、この病気がどう働くか、という観点から特徴づけようと試みている。転移神経症（不安ヒステリー、転換ヒステリー、強迫神経症）では、この対立を前面に押し出すようなものは何もない。確かに、対象が剝奪されていることが神経症の発症をもたらすこと、神経症は現実の対象の断念を含んでいること、そして現実の対象から撤収されたリビドーが空想的対象へ、そしてそこからさらに抑圧された対象へと戻ること（内向）などを私たちは知っている。しかし、対象備給は一般に、これらの神経症では大きなエネルギーを費やして維持されている。そして、抑圧過程をより入念に研究することによって、無意識（Ubw）系において対象備給が抑圧にもかかわらず――むしろ抑圧によって――存続することを、私たちは仮定せざるをえなくなった。私たちがこれらの疾患において治療的に用いる転移の能力は、まさに障害されていない対象備給を前提とするのである。

それとは逆に、統合失調症の場合は次のように仮定せざるをえない。すなわち、抑圧の過程のあと、撤収されたリビドーは新たな対象を求めることなく、自我の中に退却してしまう。つまり、ここでは対象備給は断念されていて、原初的な対象のないナルシシズムの状態が再現されることになる。この病気の患者は疾病過程が進むと転移能力を持たなくなること、それゆえ治療的な接近ができなくなること、彼らに独特の外界の拒否を示すこと、自分自身の自我への過剰備給の徴候が出現すること、完全なアパシー状態という結末に至ること、これらの臨床的特徴のすべては対象備給の断念の仮説と見事に一致しているように見える。二つの心的系の関係という点については、次のことがあらゆる観察者の注意を引くようになった。つまり、統合失調症では、転移神経症について精神分析によって初めて無意識(Ubw)の中に認められるようになることの多くが、意識的なものとして表出されている。しかし、自我‐対象関係と意識の諸関係のあいだに理解可能なつながりを作り出すことには、当面のところ成功していない。

私たちが探しているものは、次のような、予想もしなかった仕方で現れるようである。統合失調症では、とりわけきわめて示唆的な初期段階において、言語にいくばくかの変容が観察され、その中のいくつかは、ある特定の観点から考察するに値する。表現方法は、しばしば独特で入念なものであり、「磨き抜かれた」、「わざとらしい」ものである。文は構造の独特な解体をこうむって理解できないものになり、私たちは患者の言葉を無意味なものとみなす。その発言の内容では、しばしば身体諸器官あるいは身体の神経支配との関係が前景に立っている。これに関しては、さらに次のことを付け加えることができる。つまり、統合失調症のこのような症状はヒステリーあるいは強迫神経症の代替形成物と似ているが、統合失調症における代替物と抑圧されたもののあいだの関係は、この二つの神経症では、考えられないような独自性を呈している。

V・タウスク博士（ウィーン）は、発病初期にある統合失調症における彼の観察のいくつかを私に提供してくれた。[*13] それらの観察は、この女性患者が自分の言葉をいろいろ説明しようとしたという点で特別な利点がある。ここで彼の二点の観察を例にとり、私が提唱しようと考えている見解を示すことにする。もっとも、いかなる観察者にとっても、このような素材を豊富に見出すことは容易に違いない。

タウスクの患者である少女は、恋人との不和のあと、病院に連れてこられて、次のように訴えた。目がまともではない。目がねじれている。彼女は恋人に対する一連の非難を整然とした言葉で述べながら、このことをみずから説明した。「私は彼のことがまったく分かりません。彼はそのつど違って見えます。彼は偽善者で、目をねじる人です。[*14] 彼は私の両目をねじりました。それで私の両目はねじれています。それは、もはや私の目ではありません。私は今、世界を別の目で見ています」。

患者の理解し難い話についての患者自身の説明は、一種の分析としての価値を持っている。というのも、この説明は、一般的に理解可能な表現を用いて、最初の訴えの等価物を含んだものになっているからである。と同時に、それは統合失調症の語形成の意義と発生についての解明をも与えてくれる。私はタウスクとともに、この例から、器官（目）との関係が内容全体の代役を不当に手に入れていることを強調しておきたい。統合失調症者の話は、ここでは心気症的な特徴を持ち、器官言語になっている。

同じ患者の二番目の話は、次のようなものである。「私が教会に立っていると、突然ぐいっと押されたように感じました。私はあたかも誰かが私をそこに動かしたかのように、またあたかも私がそこに置かれたかのように、別のところに位置を変えなくてはならなかったのです」。

この話は、恋人に対する新たな系列の非難によって分析される。「彼は下品なんです。生まれつき上品だった私をも、彼は下品にしたんです。彼は、私より優位にあると私に思わせることで、私を彼に似させたのです。そうして私は彼に似たものになってしまいました。なぜなら、私は彼に似れば、よりよくなれると思ったからです。彼は自分を偽ったのです。今、私は彼のようなものです（同一化！）。彼は私を偽ったのです」。

タウスクも指摘しているように、「位置を変える」という運動は「偽る」という言葉の表現であり、また恋人との同一化の表現でもある。*15 思考過程の全体において、身体的神経支配（むしろ、その感覚）を内容として持っている要素が優位に立っていることを、私は再び強調しておきたい。ところで、ヒステリー女性なら、第一の場合には痙攣的に目をねじっただろうし、第二の場合には身体を動かそうとする衝動や身体を動かした感覚を催す代わりに、実際にぐいっと身体を動かしただろう。そして、その両方の場合とも、ヒステリー患者は意識的な思考を持たなかっただろうし、事後的にその思考を表明することもできなかっただろう。

　以上のように、この二つの観察は、私たちが心気症的言語あるいは器官言語と呼んだものを証明している。しかしまた、さらに重要と思われるのは、これらの観察が物事の別の側面に私たちの注意を喚起することである。それは、例えばブロイラーの著書に集められた症例にごくふつうに見出される事柄であり、ある一定の定式として把握することができる。統合失調症においては、言葉は潜在的な夢思考から夢の心像が形成される過程、私たちが心的一次過程と名づけた、その同じ過程に従っている。言葉は圧縮され、移動によって、みずからの備給を絶え間なく転移し合う。この過程は著しい程度にまで及ぶことがあり、幾重もの関係を通じてふさわしいものとなった、ただ一つの言葉が思考の連鎖全体の代役を引き受けることもある。ブロイラー、ユング、そして彼らの弟子たちの仕事は、まさにこの主張を支持する豊富な素材を提供している[4]。

　このような印象から結論を引き出す前に、統合失調症の代替形成とヒステリーや強迫神経症の代替形成のあいだの、微妙ではあるが奇妙な印象を与える違いについて考えておこう。私が現在診ているある患者は、自分の顔の皮膚の状態が悪いと言って、人生のあらゆる関心事から遠ざかってしまっている。彼は自分の顔には、にきびと深い穴があり、それを誰もがみつめる、と言い張る。分析によって、彼が自分の去勢コンプレクスを自分の皮膚で演出していることが明らかになった。最初のうち、彼は容赦なく、にきびをいじっていた。にきびをしぼり出すことは、彼に大きな満足を与えた。というのも、彼が言うには、そのとき何かが飛び出たからである。そのうち彼は、にきびを取り除いたところには、どこでも深い穴ができている、と思い始めた。そして、彼は「絶えず手でいじくっている」ため、自分の皮膚は永遠に駄目になってしまったと、激しくみずからを非難するようになった。彼にとって、にきびの中身をしぼり出すことが自慰の代替になっていたのは明らかである。彼の罪によって生じた穴は、女性性器である。すなわち、自慰によって引き起こされた去勢の威嚇（あるいは、それを代行している空想）の実現なのである。この代替形成は、その心気症的な性格にもかかわらず、ヒステリー性の転換と多くの類似性を持っている。とはいえ、ここでは何か別のことが起こっているに違いなく、その違いが何に基づいているかを言えないうちは、このような代替形成はヒステリーのものではない、という感じを抱かせる。皮膚の毛穴のような小さな穴をヒステリー患者が膣の象徴として受け取ることは、ほぼないだろう――ふつうは空洞になっているあらゆるものを膣と比較するのだが。また、そのような小穴はたくさんあるので、ヒステリー患者なら、それらを女性性器の代替として用いるのを思いとどまるとも考えられる。これと同じようなことが、タウスクが数年前にウィーン精神分析協会で報告した、ある若い男性患者にもあてはまる。その患者は、他の点ではまったく強迫神経症患者であるかのようにふるまい、化粧室で数時間もの時を費やしたりした。しかし、彼がその制止の意味を何の抵抗もなく話すことができたのは、きわめて印象的だった。靴下を履く際に、例えば、その編み目、つまり多くの穴を広げなくてはならない、という考えが彼の邪魔をした。彼にとっては、どの穴も女性器の開口部の象徴だった。このようなことも強迫神経症者には起こりえないことである。R・ライトラーが診た強迫神経症者も靴下を履く時に同じようなこだわりに悩んでいたが、患者は抵抗を克服したあと、足はペニスの象徴であり、靴下を履くことは自慰行為であるのを理解した。つまり、靴下を何度も履いたり脱いだりしなくてはならなかったのは、一つには自慰のイメージを完成させるためであり、一つにはその行為をなかったことにするためだった。

　統合失調症の代替形成と症状に奇妙な性格を与えているものが何であるかを考えてみるなら、それは物の関連より語の関連のほうが優位に立っていることだと私たちは最終的に把握できる。にきびをしぼり出すこととペニスからの射精のあいだに物の関係における類似性はわずかしかなく、無数の浅い皮膚の穴と膣のあいだの類似性となると、さらに乏しい。しかし、最初の場合は、どちらも何かを射出するわけだし、第二の場合は、「穴は穴である」というシニカルな命題が文字どおりあてはまる。指示されている物の類似性ではなく、言語表現の同質性こそが、代替を規定するのである。この両者——語と物——が合致しなくなったところで、統合失調症的な代替形成は転移神経症における代替形成と違ったものになる。

この認識を、統合失調症では対象備給が断念されている、という仮定と組み合わせてみよう。そうすると、私たちは、対象の語表象の備給は保持されている、とこの仮説を変更しなくてはならない。私たちが意識的な対象表象と呼んでいたものは、今や語表象と物表象に分解される。物表象は、直接的な物の想起像からの備給ではないにしても、ずっと遠くに離れた、しかもそれから導き出された想起痕跡の備給から成り立っている。ところで、私たちは今、一挙に、意識的表象が何によって無意識的表象と区別されるのかを理解できたと思う。両者は、私たちが考えてきたような、異なる心的場所における同一内容の異なる書き込みでもなければ、同じ心的場所における異なる機能的な備給状態でもない。そうではなく、意識的表象は物表象とそれに属する語表象を含むが、無意識的表象は物表象だけなのである。無意識（Ubw）系は、対象の物備給、すなわち最初で、かつ本来の物備給を含んでいる。前意識（Vbw）系は、この物表象がそれに対応する語表象との結びつきによって過剰備給されることで生じる。このような過剰備給は、より高次の心的編成をもたらし、前意識（Vbw）において支配的な二次過程が一次過程を引き継ぐのを可能にする、と推測できる。また、私たちは、転移神経症において抑圧が退けられた表象について拒否していたものが何であるかを正確に述べることができる。それは対象と結びついているであろう言葉に翻訳されることである。言葉として表現されない表象、あるいは過剰備給されなかった心的作用は、無意識（Ubw）に抑圧されたものとして残されたままになる。

今日、統合失調症の最も顕著な特質の一つを理解可能なものにする、このような考えを私たちがいかに早くから抱いていたか、ということに注意を喚起しておきたい。一九〇〇年に刊行された『夢解釈』の最後の数頁において、思考過程、すなわち知覚から遠く離れた備給行為は、それ自体では質を持たず、無意識的であること、そして思考過程の意識的になる能力は、ただ語の知覚の残滓との結びつきによってのみ獲得されることを詳しく述べた。[*16] 語表象は、それ自体、物表象と同じ仕方で感覚知覚に由来している。それゆえ、対象表象はどうしてみずからに固有の知覚の残滓を介して意識的にならないのか、という問いが提起されるだろう。しかし、おそらく思考は本来の知覚残滓から遠く離れた系で展開するので、それらの系はもはや知覚残滓の質を何も受け取っておらず、それらの系が意識化されるためには新たな質による強化が必要になるのだろう。さらに、単に対象表象間の諸関係につながっているにすぎない備給は、知覚それ自体からいかなる質も持ち込むことができないが、語と結びつくことで質をそなえるようになる。語によって初めて把握可能になるこのような関係は、思考過程の主要な構成要素である。語表象との結びつきは、意識的になることと同じではなく、まだ単にその可能性を与えるだけであり、したがってその結びつきは、ほかならぬ前意識（Vbw）系を特徴づけるものだと理解できる。しかしながら、このような議論によって、私たちは本来の主題から離れ、前意識と意識の問題のまっただなかに入り込んでいることに気づくが、この問題は別個に取り扱うのが適切だろう。

統合失調症については、ここで私たちは無意識（Ubw）の一般的な理解に不可欠だと思われる程度に触れているだけだが、統合失調症において抑圧と呼ばれている過程は、そもそも転移神経症における抑圧と何か共通のものを持っているのか、という疑問が浮かんでこざるをえない。抑圧は無意識（Ubw）系と前意識（Vbw）系（または意識（Bw）系）のあいだで生じる過程であり、意識から遠ざけておくという成果をもたらす、という定式は、早発性痴呆および他のナルシス的疾患の症例をそこに含めて考えようとするなら、いずれにせよ変更が必要になってくる。しかしながら、意識的な備給を撤退するという形で示される自我の逃亡の試みは、ともかく両者に共通の要素として残る。この逃避の試み、自我の逃避が、ナルシス的神経症においては、どれほどより徹底的に、より深部に達するほど働くかということは、ごく表面的に考えてみただけでも明らかである。

統合失調症において、この逃避が無意識的な対象表象を表している場所からの欲動備給の撤収のことだとすれば、この対象備給の前意識（Vbw）系に属している部分――つまり、それに対応する語表象――が逆により強い備給を受けている、というのは奇妙なことに思えるかもしれない。むしろ、前意識的な部分としての語表象は、抑圧の最初の衝撃に耐えなくてはならず、またひとたび抑圧が無意識的な物表象まで及んでしまったあとには、語表象にはもはやまったく備給がなされなくなる、と予測できるのである。このことは確かに理解するのが難しい点であるが、語表象への備給は抑圧行為に属するものではなく、回復の試みの最初の段階、あるいは治癒の試みを表しており、それが統合失調症の臨床病像をきわめて顕著に支配しているのではないか、という解決策を引き出すことができる。この努力は失われた諸対象を再び獲得しようとするものであり、その目的を達成するために、同じ対象の語の部分を経由して対象に至る経路をとったものの、その際、物の代わりに語で満足しなくてはならなくなることも十分にありうる。私たちの心的活動は、一般に二つの互いに対立する経過方向に動いている。一つは欲動から発して、無意識（Ubw）系を通って、意識的思考作業に至る方向であり、もう一つは外界の刺激に始まり、意識（Bw）系あるいは前意識（Vbw）系を通り、自我や対象の無意識的（ubw）な備給に至る方向である。この二つ目の経路は、すでに抑圧が生じているにもかかわらず、まだ通行が可能であるに違いない経路であり、対象を再び獲得しようとする神経症の努力に対して、部分的に開かれたものになっている。私たちは抽象的に考えるとき、無意識的な物表象と語の関係をおろそかにする危険にさらされている。それゆえ、私たちの哲学的思索は、その表現と内容において統合失調症者の作業様式と望まない類似性を持ってしまうことも否定できない。他方、統合失調症者の思考様式について次のような特徴を持つと言うことができる。つまり、彼らは具体的な物を、あたかもそれが抽象的であるかのように扱う、と。

もし実際に無意識（Ubw）を承認し、無意識的表象と前意識的表象の区別を正確に定めるようになったなら、私たちの研究は、他の多くの点からも、このような見解に帰着するに違いないだろう。

原注

（1）情動性は、本質的には運動性（分泌性、血管調整性）の放出として出現し、外界との関係を持たない自己身体の（内的）変化に向けられているが、運動性はさまざまな行為の中で外界を変化させることに向けられている。

（2）『夢解釈』第七章での議論を参照のこと。この議論は『ヒステリー研究』でJ・ブロイアーが展開した考えに依拠している。

（3）無意識（Ubw）系の他の重要な特権性については、別の文脈で言及することにする。

（4）時として、夢の仕事は言葉を物のように扱い、非常によく似た「統合失調症的な」言説や言語新作を作り出す。

訳注

＊1　この表現は、ヨーゼフ・ブロイアーとフロイトによる共著『ヒステリー研究』（一八九五年）の第三章「理論的考察（五）」に見られる。

＊2　表象の「書き込み」の問題はフロイトの心的装置の構想を貫く考え方であり、一八九六年一二月六日のヴィルヘルム・フリース宛の手紙から、『夢解釈』第七章（一九〇〇年）、「「不思議のメモ帳」についての覚え書き」（一九二五年）に至るまで、繰り返し論じられている。

＊3　フロイトは『失語症の理解にむけて』（一八九一年）で、神経細胞の中に表象が蓄えられるという考

えに基づいたテオドール・マイネルトの局在論を批判している。

＊4 Erinnerungsspur は、これまで「記憶痕跡」と訳されてきたが、岩波版全集では「想起痕跡」と訳されている。この痕跡は実体ではなく、「想起のさいにのみ実体化する何ごとかなのである」（岩波版全集(1)、「解題」五八二頁）という岩波版の理解に従い、本書でも「想起痕跡」という訳を採用した。

＊5 本論文の第VII節では、意識的表象を物表象とそれに属する語表象、無意識的表象を物表象として新たに区別している。

＊6 本論文の第VII節で、フロイトは対象表象を語表象と物表象に区別している。ここで述べているのは、抑圧された表象では語表象への備給が撤収されている、ということである。

＊7 「抑圧」論文を指している。

＊8 緊張性興奮エネルギーと自由エネルギーの区別は、『ヒステリー研究』の理論的部分（ブロイアーが担当執筆）で詳述されている（GW-Nb 251-261）。

＊9 訳注＊2を参照のこと。

＊10 GWではこの箇所は「Vbw」となっているが、SEおよびSAでは、それを誤植とし、「Ubw」に訂正している。本訳もその考えに従った。

＊11 「承認」の原語はAgnoszierung. フランス語訳（Sigmund Freud, *Métapsychologie 1915*, traduit par Philippe Koeppel, Paris: Flammarion, 2012）には次のような注がある。「この表現は、死体の身元の同一性を確定するための法医学領域で用いられるオーストリア由来の語であったが、広く「承認」を意味する言葉になった」。

＊12 （SEの注）カール・アブラハム「ヒステリーと早発性痴呆の精神‐性的な差異」、『神経学と精神医学のための中央雑誌』第一九巻、五二一頁、一九〇八年。

＊13 ヴィクトール・タウスクは、のちにこの患者について次の論考で言及している。「統合失調症におけ

る「影響機械」の起源について」、『国際医学的精神分析雑誌』第五巻第一号、一九一九年。

＊14 「目をねじる人（Augenverdreher）」には「欺く人」という意味がある。

＊15 「位置を変える」の原語は sich anders stellen で、「偽る」は verstellen（この語は stellen に接頭語 ver がつき、「位置を変える」と「偽る」の両方の意味を持つ）。したがって、この患者では verstellen という語が現実に対して優位に立ち、彼によって「位置を変えられ」、「偽られた」と訴えている。

＊16 『夢解釈』第七章F節に、思考過程についての詳細な記述がある。

夢理論へのメタサイコロジー的補足(1)

病的疾患の正常な原型として把握できるような、ある種の状態や現象を比較のために引き合いに出すことができるなら、私たちの研究にとっていかに好都合であるかを、私たちはさまざまな機会に経験しうるだろう。喪や惚れ込みといった情動状態、また睡眠状態や夢の現象も、そのようなものに含まれる。

人は毎晩、肌を覆っている衣服を脱ぎ、さらに身体の欠陥を代用品としてうまく補ってくれている身体器官の補塡物、すなわち眼鏡、かつら、義歯なども外すが、このことについて考えをめぐらせることはあまりない。さらに、就寝時には、人はまったく同じように、みずからの心的なものの脱衣を行う。つまり、みずからが心的に獲得したもののほとんどすべてを放棄してしまい、それによってみずからの生の発展の出発点であった状況に心身の二つの面から著しく接近するのである。睡眠は、身体的には安静状態、暖かさ、刺激からの保護という条件を満たす、母体内への滞留の再活性化である。実際、多くの人は睡眠時には再び胎児の姿勢をとっている。眠っている人の心的状態は、環境世界からのほぼ完全な撤退と環境世界に対するあらゆる関心の中断によって特徴づけられる。

精神神経症の諸状態を研究すると、私たちは、そのそれぞれの状態において、いわゆる時間的退行、すなわちそれぞれの状態に特有な程度の発達上の逆行を強調したくなる。このような退行は、自我発達の退行とリビドー発達の退行の二種類に区別される。リビドー発達の退行は、睡眠状態では一次ナルシシズムの復元にまで至り、自我発達の退行は幻覚的な欲望充足の段階にまで至る。

睡眠状態の心的性質について知られていることは、もちろん夢の研究を通じて得られたものである。確かに夢は夢見る当人を眠っていない者として私たちに示すが、しかし夢はその際に睡眠そのものの性質自体まで私たちに洩らさずにいることができない。最初は理解できなかったが、今や難なく私たちの見解に組み入れるようになった夢の特性のいくつかは、観察から知ることができた。そのようにして、夢は絶対的に自己中心的であり、夢の場面で主役を演じる人物は、常に夢を見ているその人自身だと認めるべきであることを知ったのである。このことは、今や睡眠状態のナルシシズムから容易に理解できる。実際、ナルシシズムとエゴイズムは一致する。「ナルシシズム」という言葉は、エゴイズムもまたリビドー的な現象であることを強調しようとしたものにすぎない。あるいは別の言い方をするなら、ナルシシズムはエゴイズムのリビドー的補完物として記述できる。夢の中では、始まったばかりの身体的苦痛が、しばしば覚醒時よりも早く、より明白に感じられ、しかも今まさに生じているいっさいの身体感覚が巨大なものへと拡張されて現れるが、このような夢の一般に認められてはいるが謎めいたものとされている「診断学的」能力も同様にして理解できる。このような巨大化は心気症的な性質のものである。次のように仮定してみればいいだろう。すなわち、外界への心的備給すべてが自我自身に撤収されてしまい、そうなった備給は今度は、覚醒生活ではまだしばらくのあいだは気づかれないままであっただろう身体の変化を早期に感知することを可能にするのである。

夢は睡眠を妨害しようとする何かが起こったことを私たちに知らせ、さらにその妨害に対して、どのような仕方で防衛できたかも私たちに理解させてくれる。結局のところ、眠っている人は夢を見ることによって眠りを継続できるのである。その人を悩ませた内的な要求の代わりに、要求がすでに解決されている外的な経験が現れる。したがって、夢は投影であり、内的過程の外在化である。私たちは、すでに別のところで防衛手段の一つとしての投影に出会ったのを覚えている。ヒステリー恐怖症のメカニズムもまた、内的な欲動要求に代わって現れてきた外的恐怖に対する逃避の試みによってみずからを防御することで、その頂点に達する。しかし、投影についての根本的な議論は、このメカニズムがそこで最も顕著な役割を果たすことになるナルシシス的疾患を細分化できるようになるまで置いておこうと思う。

しかしながら、眠ろうとする意図が妨害に遭うという事態は、どのようにして引き起こされるのだろうか。妨害は内的な興奮あるいは外的な刺激から生じうる。私たちはまず、見通しはあまり立たないが、興味深い内的な妨害のケースを考察することにしよう。夢を引き起こすのは日中残渣であり、これは備給の一般的な撤収に応じることなく、むしろその撤収に逆らって、一定量のリビドー的関心、もしくは別の関心を保持している思考備給であることが経験から分かっている。したがって、ここでは睡眠のナルシシズムは、はじめから一つの例外を認めざるをえなかったのであり、この例外から夢形成が始まるのである。この日中残渣を、私たちは分析の中で潜在的夢思考として知るようになった。日中残渣は、その性質や全体状況からして、前意識の表象あるいは前意識（Vbw）系に属すると認めざるをえない。

夢形成の解明をこれ以上続けるには、いくつかの困難を克服しなくてはならない。睡眠状態のナルシシズムは、まさにあらゆる対象表象からの備給の撤収を、つまり対象表象の無意識的な部分も前意識的な部分も含めて、そこからの備給を撤収することを意味している。したがって、何らかの日中残渣がいまだに備給を受けたままだとしても、その日中残渣が意識の注意を引きつけるほどの大量のエネルギーを夜間に獲得すると仮定することには、いささかのためらいを覚える。むしろ、日中残渣に残されている備給は、昼間にそれが受けていた備給よりもはるかに弱いと仮定したくなる。ここで私たちは分析経験によって、さらなる思弁を重ねずに済むことになる。というのも、この日中残渣が夢の形成者として登場しようとする時には、無意識的な欲動の動きの源泉から強化を得ているに違いないことを、分析経験は私たちに明らかにしているからである。この仮説には当面のところ何の難点もない。というのも、睡眠中は前意識（Vbw）と無意識（Ubw）のあいだの検閲はきわめて緩くなっていて、両系のあいだの交通はより容易になっている、と私たちは考えざるをえないからである。

しかし、もう一つの疑念も黙って見過ごされてはならない。ナルシス的な睡眠状態が無意識（Ubw）系と前意識（Vbw）系の備給のすべてを回収するという結果をもたらすとすれば、前意識的な日中残渣が無意識的な欲動の動きからの備給によって強化を受ける可能性もなくなってしまう。というのも、無意識的な欲動の動き自体が、その備給を自我に譲り渡してしまっているからである。夢形成の理論は、ここで矛盾に陥ってしまうことになる。そうならないためには、睡眠ナルシシズムという仮説を修正することで夢形成の理論を救い出さなくてはならない。

このような制限された仮説は、のちに明らかになるように、早発性痴呆の理論においても不可避のものとなる。[*1]その仮説は次のようなものだと言える。すなわち、無意識（Ubw）系の抑圧された部分は自我から生じる睡眠欲望に従わず、その備給を全部ないし部分的に保持して、一般に抑圧によって自我からのある程度の独立を獲得している。そうであるなら、欲動の危険に対応するために——睡眠中は情動解放と運動性へのすべての経路が遮断されているため、自我に必要とされる対抗備給の程度も著しく引き下げられているとはいえ——一定量の抑圧の出費（対抗備給）を夜間もしっかり維持しなくてはならない。したがって、私たちは夢形成に導く状況を次のように描き出せるだろう。睡眠欲望は自我から送り出されたいっさいの備給を回収し、絶対的なナルシシズムを打ち立てようと試みる。しかし、これは部分的にしか成功しない。というのも、無意識（Ubw）系の抑圧されたものは睡眠欲望に従わないからである。したがって、対抗備給の一部はまた保持されなくてはならないし、無意識（Ubw）と前意識（Vbw）のあいだの検閲は、完全な強さではないにせよ、存続していなければならない。自我の支配が及ぶかぎり、すべての系の備給は空になっている。無意識的（ubw）な欲動備給が強くなればなるほど、睡眠は不安定になる。私たちは次のような極端な事例を知っている。すなわち、自我が睡眠中に自由になってしまった抑圧された動きを抑えられないと感じて、睡眠欲望を断念するのである。言い換えるなら、自我が夢を恐れるあまり、睡眠をあきらめるのである。

私たちはのちに、抑圧された動きが反抗を示すという仮説を重大な仮説として評価することになる。今のところは夢形成の状況の検討を続けることにしよう。

先ほど私たちは、いくつかの前意識的な日中思考が抵抗を示し、その備給の一部を保持する可能性に触れたが、これは（睡眠）ナルシシズムへの第二の侵入だと認めざるをえない。この二つの場合は、根底において同一のものでありうる。日中残渣の抵抗は、すでに覚醒生活において存続している無意識の動きとの結びつきが原因となっているか、あるいは事情はもっと複雑で、完全には空になっていなかった日中残渣が睡眠状態に入って初めて、前意識（Vbw）と無意識（Ubw）のあいだの交通が容易になったために、抑圧されたものとの関係を持つのかもしれない。どちらの場合も、夢形成における同様の決定的な歩みが引き続いて起きることになる。すなわち、前意識的な夢欲望が形成され、その夢欲望が前意識的な日中残渣の素材を用いて無意識の動きを表現する。この夢欲望は日中残渣と明確に区別されなくてはならない。夢欲望は覚醒生活では存在していなかったに違いなく、無意識的なものを意識に翻訳するとき、あらゆる無意識的なものが含んでいるそれ自体の非合理的な性格をすでに示している。夢欲望はまた、前意識的な（潜在的な）夢思考の中に存在しているかもしれない――必ず存在しているわけではないが――欲望の動きと混同されてはならない。しかし、そのような前意識的な欲望が存在していたとすれば、夢欲望は最も有効な強化として前意識的な欲望と結合するだろう。

次に、この欲望の動きがその後どのような運命をたどるか、という問題に取りかかろうと思う。この欲望は、その本質において何らかの無意識的な欲動要求を代行しているが、前意識（Vbw）においては夢欲望（欲望充足空想）として形成されたものである。よく考えてみると、この欲望の動きは三つの異なる経路によって解決されるのが分かる。すなわち、前意識（Vbw）から意識へと押し出される、覚醒生活においては正常な経路をとるか、あるいは意識（Bw）を迂回して直接に運動的な放出を成し遂げるか、あるいは私たちが観察によって実際にたどることができる、これまでは予測できなかった経路をとるか、である。第一の場合、欲望の動きは欲望充足の内容を持った妄想観念になるが、これは睡眠状態では決して起こらない（心的過程のメタサイコロジー的条件はまだあまり知られていないが、私たちはこの事実から、おそらく一つの系の備給を完全に空にすると、その系には刺激への反応性がほとんどなくなってしまう、という示唆を得ることができる）。直接的な運動放出という第二の場合も、同じ原理によって除外されているはずである。というのも、運動性への到達は、ふつうは意識の検閲よりさらに少し先に行ったところに位置しているからである。しかし、それは夢遊病として例外的に観察されることがある。これがいかなる条件で可能になるのか、またどうしてもっと頻繁に起きないのか、私たちには分かっていない。夢形成の際に実際に起きていることは、きわめてめずらしく、まったく予測し難い解決である。前意識（Vbw）で紡《つむ》がれ、無意識（Ubw）によって強化された過程は、無意識（Ubw）を通って意識に迫る知覚になる、という逆戻りの経路をとる。このような退行が、夢形成の第三の段階である。ここで全体を見通すために、前の二つの段階を繰り返し述べておく。すなわち、第一段階は無意識（Ubw）による前意識的（vbw）な日中残渣の強化であり、第二段階は夢欲望の形成である。

私たちは、このような退行を先に述べた時間的あるいは発達史的な退行と区別して、局所論的な退行と呼ぶことにする。この二つは必ずしもともに起こるわけではないが、夢においてはともに起きている。前意識（Vbw）から無意識（Ubw）を通って知覚へ、という興奮の経過の逆行は、同時に幻覚的欲望充足という早期の段階への逆戻りでもある。

夢形成の際に前意識的な日中残渣の退行がどのような仕方で起こるか、ということは『夢解釈』によって知られることになった。思考は、その際——主に視覚的な——心像に変換される。したがって、語表象はそれに対応する物表象へと引き戻され、全体としてあたかも呈示可能性への顧慮がこの過程を支配しているかのようである。退行が実現すると、無意識（Ubw）系に一連の備給、つまり物想起への備給が残される。心的一次過程は、物想起に働きかけ、その物想起を圧縮して、それらのあいだの備給を移動させ、顕在的夢内容を形成するようになる。日中残渣に含まれる語表象が知覚の新しい現実的な残滓であって思考表現ではない場合にのみ、その語表象自体が物表象として扱われ、圧縮と移動の影響に従う。ここから、『夢解釈』で確立され、それ以降、明証性が実証されてきた法則が生まれてくる。すなわち、夢の中の話や語りは、新しく作られたものではなく、前日の語り（あるいは読まれたものなど、他の新鮮な印象）を真似たものなのである。夢作業がどれほど語表象にこだわることが少ないか、という点は大いに注目するに値する。夢作業は、造形的な形象にうってつけの表現を見出すまで、常に語を取り替える用意がある。[2]

この点で、夢作業と統合失調症の決定的な違いが明らかになる。統合失調症では、一次過程の加工の対象になるのは前意識的な思考が表現する語そのものである。これに対して、夢で加工の対象になるのは語ではなく、語が還元させられる物表象である。夢は局所論的退行を実現する方法を知っているが、統合失調症はそうではない。夢では（前意識的（vbw）な）語備給と（無意識的（ubw）な）物備給の交通が自由になるのに対して、統合失調症では交通が遮断されるのが特徴である。この違いの印象は、私たちがまさに分析実践で行う夢解釈によって弱められる。夢解釈は、夢作業の経過の跡を追い、潜在的思考から夢の諸要素に至る経路をたどり、語の両義性の活用を明らかにして、さまざまな素材領域のあいだの言葉の橋渡しを指摘する。これらのことによって夢解釈は、ある時は機知のような、またある時は統合失調症のような印象を生み出す。それゆえ、語に対するあらゆる操作が夢にとっては物への退行のためのただの準備であることを、私たちはつい忘れてしまうのである。

夢過程は、退行的に変容し、欲望幻想へと加工された思考内容が感覚的な知覚として意識化されることで完了する。その際、思考内容は、すべての知覚内容がこうむる二次加工を経験する。私たちの考えによれば、夢欲望は幻覚されたものになり、みずからを実現したという現実への信を幻覚として見出しているのである。夢形成の、まさにこの最後の部分にこそ、最も不明瞭な点が集中している。それを明確化するために、私たちは夢を、夢と類似する病理的状態と比較してみようと思う。

欲望幻想の形成と、この空想が幻覚へと退行することは、夢作業の最も本質的な部分ではあるが、夢作業だけに固有のものというわけではない。むしろ、それは二つの病的な状態、すなわち急性幻覚性錯乱あるいはアメンチア[*2]（マイネルト）にも、統合失調症の幻覚的な病相期にも同様に見られる。アメンチアの幻覚的錯乱は、はっきりそれと分かる欲望幻想であり、しばしば見事な白日夢のように完全に秩序だっている。ごく一般的に幻覚性欲望精神病という言い方ができるだろうし、それは夢にもアメンチアにも同じように認めることができる。非常に内容が豊かで歪曲されていない、欲望幻覚だけから成る夢もある。統合失調症の幻覚性の病相期は、あまり詳しく研究されていない。それは一般に複合的な性質を持つように見えるが、しかし本質的には、対象表象にリビドー備給を取り戻そうとする新たな再建の試みの一つに相当すると考えられる。(3) 私には多種多様な病理的疾患における他の幻覚的状態を比較のために引き合いに出すことはできない。というのも、私にはこの点に関する自分自身の経験もなければ、他の研究者の経験を利用して論じることもできないからである。

幻覚性欲望精神病は――夢においても、あるいは他の場合も――二つの決して重なり合わない操作を実行していることを明確にしておきたい。幻覚性欲望精神病は、隠された、あるいは抑圧された欲望を意識にもたらすだけでなく、そのような欲望を、全面的な確信のもとで、実現したものとして表現する。この二つが同時に起こることについては説明が必要である。無意識の欲望がひとたび意識化されたなら、それは現実とみなされなければならない、とは主張できない。というのも、周知のように、私たちの判断は非常に強度の高い表象や欲望と現実を完全に区別することができるからである。他方で、現実の確信は感覚による知覚と結びついていると仮定することには十分な根拠があると思われる。ひとたびある思考が無意識の対象想起痕跡へと、さらにそこから知覚へと至る退行の経路を見出すと、私たちはその思考の知覚を現実のものとして認めることになる。そうして、幻覚は現実の確信をもたらすのである。すると、今度は、幻覚が出現する条件はどのようなものかが問題となる。最初の答えは、退行である。とするなら、幻覚の出現についての問いは、退行のメカニズムの問いに置き換えられることになる。この問いには、夢に関しては、私たちはすぐさま答えを出すことができるだろう。前意識的（vbw）な夢思考の物想起像への退行は、明らかにこれらの無意識的（ubw）な欲動代理――例えば抑圧された体験想起――が語に置き換えられた思考に影響を及ぼすことになる牽引力の結果なのである。しかし、まもなく私たちは間違った道に入り込んだことに気づく。仮に幻覚の秘密が退行にほかならないとすれば、十分に強い退行はすべて現実の確信をともなった幻覚を生じさせなくてはならないことになるだろう。しかし、私たちは、退行的な内省が非常に明瞭な視覚的な想起像をもたらす一方で、その想起像を一瞬たりとも現実の知覚とみなさない事例をよく知っている。そしてまた、次のように考えてみることもできるだろう。すなわち、夢作業がそのような想起像にまで入り込んでいき、これまで無意識的だったものを意識化して、私たちが憧れを感じるような欲望幻想を私たちに向けて演出するが、私たちは欲望が現実に実現しているとは認めていない場合である。したがって、幻覚は、それ自体は無意識的（ubw）であるような想起像の退行的な活性化以上のものであるに違いない。

さらに、知覚をどんなに高い強度で想起された表象からも区別することが実践的に大きな意味を持つことを強調しておこうと思う。外界や現実に対する私たちの関係全体が、この能力に依存している。私たちは、かつて次のような仮説を立てた。すなわち、私たちはこの能力を常に保有していたのではなく、心的生活のはじめには、満足を与える対象への要求を感じたとき、実際にその対象を幻覚していたのだろう、と。しかし、その場合には満足が生じることはないため、この失敗はきわめて早く、そのような欲望知覚を現実の満足から区別できるように、また今後は避けることができるように、その手助けとなる装置を作り出すよう促したに違いない。言い換えるなら、私たちは非常に早い時期に幻覚的な欲望満足を断念し、一種の現実検討の装置を設置したのである。今や問題となるのは、この現実検討がどのようなことから成立しているのか、また夢やアメンチアなどの幻覚性欲望精神病が、どのようにしてこの現実検討を放棄させ、昔の満足様式を再び作り上げるようになるのか、である。

その答えは、第三の心的系、すなわち、これまでは前意識（Vbw）系と厳密に区別していなかった意識（Bw）系をもっと詳細に規定すれば与えられるだろう。私たちはすでに『夢解釈』で意識的知覚をある特別な系の機能として認めざるをえなかった。そして、その特別な系に、ある奇妙な特性があるとみなしたが、さらに他の性質もともなうであろうことの十分な根拠を持つことになった。私たちが『夢解釈』で知覚（W）系と名づけた系は、意識（Bw）系と重なり合っている。そして、意識化することは、一般に意識（Bw）系の仕事に基づくものである。しかし、それでもなお、意識化するという事実は完全にその系に所属するわけではない。というのも、意識（Bw）系または知覚（W）系に心的場所を付与することができない感覚的想起像に気づくことがあるのを、私たちは経験的に知っているからである。

しかし、この困難さの取り扱いについては、意識（Bw）系そのものを関心の中心に据えることができるようになるまで延期してもいいだろう。現在の私たちの文脈では、次のように仮定することが許されるだろう。つまり、幻覚の本質は意識（Bw）（知覚（W））系への備給にある。ただし、備給は通常のように外部からではなく内側からもたらされる。また、幻覚が生じる条件は、退行が意識（Bw）（知覚（W））系にまで達し、さらにその際、現実検討を無視できるほど退行が十分に進むことである。[4]

以前の論述（「欲動と欲動の運命」）の中では、いまだ寄る辺なき有機体にとっての能力を考察した。そのような有機体は、知覚という手段を用いて、筋肉活動との関係に応じて、「内」と「外」を決定する。そうすることで、世界の中での最初の方向づけを行う能力を持つのである。ある筋肉活動によって消滅させることのできる知覚は、外部の知覚、現実として認識される。しかし、そのような活動によって何も変えない時には、知覚は自分自身の身体内部から生じており、それは現実ではない。個体にとって、そのような現実の標識を持つことは有益であり、また同時にその標識は個体が現実に対処する際の助けにもなる。そして、個体はしばしば容赦のないみずからの欲動要求に対しても同じような力をそなえておきたいと望むだろう。それゆえ、個体は内側から厄介事を与えるものを外に移す、つまり投影することに労力を費やすことになるのである。

「内」と「外」の区別によって世界に方向性を与える機能を、今、心的装置の詳細な分析に従って、もっぱら意識（Bw）（知覚（W））系だけに割り当てなくてはならない。知覚が消失させられるか、それとも知覚が抵抗を示すかを確定するのは運動性の神経支配であり、意識（Bw）はこの運動性の神経支配を意のままにできなくてはならない。現実検討とは、この装置以外の何ものでもない[5]。意識（Bw）系の本質と作業様式については、いまだわずかなことしか分かっていないので、これ以上詳しく述べることはできない。私たちは現実検討を自我の機構の重要な一つとみなし、明確になりつつある心的系間の検閲と同列に並べて置くことにする。そして、ナルシス的諸疾患の分析がこの他にもそのような機構を発見する助けになることを期待している。

これに対して、現実検討がどのような仕方で取り除かれたり、活動を停止されたりするのかについては、今日すでに病理学によって知ることができる。しかも、それは夢よりも欲望精神病ないしはアメンチアにおいて、はっきり認識することができる。アメンチアは喪失に対する反応である。現実はその喪失の存在を主張するが、自我はその喪失を耐え難いものとして否認せざるをえない。そして、自我は現実との関係を絶ってしまう。自我は知覚系である意識（Bw）から備給を撤収する、というよりもおそらく、その特別な性質が今後のさらなる研究の対象となりうる、ある種の備給を撤収する。現実からのこのような離反にともなって、現実検討は除去され、欲望幻想——抑圧されておらず、完全に意識的な——は意識

（Bw）系の中に押し入ることができる。そこで欲望幻想はよりよい現実として認められる。このような備給の撤収は、抑圧過程と同じものとして分類されてもいいだろう。アメンチアが私たちに見せている興味深い光景は、おそらくは自我に最も忠実に仕え、最も内密に結びついていた自我の器官の一つが自我と断絶する、その光景なのである。[6]

アメンチアにおいてこの「抑圧」が遂行していることを、夢においては自発的な放棄が作り出している。睡眠状態は、外界について何も知ろうとしないし、現実についても関心を持たない。ただ睡眠状態の終わり、つまり覚醒が姿を現し始めた場合にしか、現実とは関わりを持たない。したがって、睡眠状態は、意識（Bw）系からも、また他の前意識（Vbw）系、無意識（Ubw）系からも備給を撤収している。それは、これらの系にある備給の配置状況が睡眠欲望に従うかぎりでのことである。意識（Bw）系が備給されなくなると、現実検討の可能性も放棄される。そして、睡眠状態から独立して退行の道を選んだ興奮は、意識（Bw）系に到達するまで自由な経路をたどり、意識（Bw）系では、まぎれもない現実として通用するようになる。[7]早発性痴呆における幻覚性精神病状態については、このような考察から次のことが導き出せる。すなわち、幻覚性精神病状態は早発性痴呆という疾患の初期症状には属さない。幻覚性精神病状態は、現実検討がもはや幻覚を阻止できないほど患者の自我が解体した時に初めて起こりうるのである。

夢過程の心理学については、夢のあらゆる本質的な性格は睡眠状態という条件によって規定される、という結論を得ている。かつてアリストテレスは、夢は眠っている人の心的活動である、と控えめに言ったが、それはまったく正しかった。さらに次のように敷衍しておこう。夢は心的活動の残渣であり、ナルシス的睡眠状態が完全に確立されないために生じうるのである。

このことは、昔から心理学者や哲学者が言っていたことと大きな違いはないが、心的装置の構造と機能についてまったく異なる見解に基づいている。それは以前の見解に比べて、夢のあらゆる細部まで私たちに理解させるようになった、という利点を持っている。

最後に、心的障碍のメカニズムを理解するにあたって、抑圧過程の局所論がどのような意味を持つのかということについて一瞥しておこう。

夢では、備給（リビドー、関心）の撤収がすべての系で等しく起こる。転移神経症では前意識（Vbw）の備給が、統合失調症では無意識（Ubw）の備給が、アメンチアでは意識（Bw）の備給が、それぞれ撤収される。

原注

（1）本論文と次の論文は、最初『メタサイコロジー序説』という表題で論文集として出版する予定だったものである。これらは『国際医学的精神分析雑誌』第三巻に掲載された、いくつかの論文（本書に収められている「欲動と欲動の運命」、「抑圧」、「無意識」）の続編をなすものである。この一連の論文が意図しているのは、精神分析体系の基礎づけとなりうるような理論的仮説に明快さと深化をもたらすことである。

（2） ジルベラーは、いくつかの夢は同時に二つの、しかしながら本質の異なる解釈を許すものだとして、その一つを分析的解釈、別の一つを神秘的解釈と呼んだ［訳注――ヘルベルト・ジルベラー『神秘主義とその象徴体系の諸問題』ウィーン‐ライプツィヒ、一九一四年］。そして、このような事実を強調し、おそらくは過大評価したが、私はこれもまた呈示可能性の顧慮に帰せられるものと考えている。そのような場合に常に問題となるのは、非常に抽象的な性質の思考であり、それを夢で呈示するには大きな困難を引き起こしたに違いない。比較のために、例えば政治新聞の社説をイラストで置き換えてみる、という課題を考えてみよう！ このような場合、夢作業はまず、抽象的な思考のテクストを、より具体的な思考のテクストに置き換えなくてはならない。その具体的な思考のテクストは、比較、象徴、寓意的なほのめかし、そしてさらには発生的な形で何らかの関連を持っている。そうして今や、抽象的な思考のテクストの代わりに具体的なテクストの思考が夢作業の素材になる。抽象的な思考は、いわゆる神秘的解釈を生み出すが、それは私たちが解釈作業の際に本来の意味での分析的解釈よりも容易に思い浮かべやすいものである。オットー・ランクの適切な指摘によれば、多重解釈が可能な、このような夢を把握できる最良の例は、分析中の患者が自分の治療について見る夢である。

（3） 「無意識」論文では、再建の最初の試みとして語表象の過剰備給を取り上げた。

（4） 幻覚の解明の試みは陽性幻覚からではなく、むしろ陰性幻覚から取りかからなくてはならないことを補足的に付け加えておく。

（5） 現在性検討（Aktualitätsprüfung）と現実検討（Realitätsprüfung）の違いについては、のちの箇所を参照のこと。

（6） ここからまた、中毒性幻覚、例えばアルコール性の譫妄も同じような仕方で理解できる、という推測をあえて行っておく。現実が押しつけてくる耐え難い喪失とは、まさにアルコールの喪失であり、それを補給することで幻覚は消失する。

(7)　備給されていない系は興奮しない、という原則は意識(Bw)(知覚(W))系では効力を持たないように見える。しかし、問題は備給の部分的な撤収ということかもしれない。また、とりわけ知覚系については、他の系と大きく異なるいくつかの興奮条件を仮定しなくてはならない。もちろん、このメタサイコロジー的論述の不確実で試論的な性格を覆い隠したり、ごまかしたりするつもりはない。さらに研究を深めることだけが、ある程度の確かさをもたらすことになるだろう。

訳注

＊1　エミール・クレペリンがこの概念を提唱したのは、彼の『精神医学教科書』第四版(一八九三年)である。この概念は、一九一一年にオイゲン・ブロイラーによって「シゾフレニー(統合失調症)」と名称変更がなされる。クレペリンはフロイトに対して批判的だったが、メタサイコロジー論文中でフロイトはしばしばこの概念を用いている。

＊2　アメンチアは、フロイトの神経学上の師であるテオドール・マイネルトが提唱した意識変容状態であり、思考散乱と困惑を主な特徴とする。

喪とメランコリー

ナルシス的精神障碍を解明する際、夢はその正常な原型として役立った。そこで、今度はメランコリーの本質を喪という正常な情動との比較を通して明確にすることを試みようと思う。しかし、今回はその結果にあまりに大きな期待を抱かないように、とあらかじめ言っておかなくてはならない。メランコリーの概念規定は、記述的精神医学においても揺らいでいる。メランコリーはさまざまな臨床形態の中に出現し、一つの臨床単位として把握できるかどうか定かではない。そのうちのいくつかのものは、心因的疾患というより身体的疾患を思い起こさせる。私たちの素材は、観察者がそれぞれどのような印象を持つかは別として、その心因的な性質は疑う余地のない少数の症例に限られている。したがって、私たちの考察の結論に普遍的な有効性を持たせようとする要求は、最初から断念しなくてはならない。そして、私たちの現在の研究方法で発見できるのは、この疾患の類全体とは言わないまでも、その中の小さなグループの、ただ典型的なことだけだと考えることで、ひとまず満足することにしよう。

メランコリーと喪を対比することは、二つの状態の全体像から見て、正当なことだと思われる。(1) また、生活上の出来事の影響に由来する誘因も、少なくともそれがはっきり分かる場合には一致している。喪は一般に、愛する人物の喪失、あるいは祖国、自由、理想など、愛する人物の代わりになった抽象物の喪失に対する反応である。同じ影響のもとでも、病的な素質が疑われるかなりの人では、喪の代わりにメランコリーが出現する。しかし、きわめて注目すべきことに、喪はたとえ正常な生活態度からひどく逸脱しているとしても、私たちは病的な状態とみなさないし、その人を医者の手に委ねようとは決して思わない。私たちは、喪は一定の期間のあとに克服されると信じており、その一定の期間を妨げることは適切でないばかりか有害であるとさえ考えている。

メランコリーは、心的状態としては、深い苦痛をともなった不機嫌、外界に対する関心の停止、愛する能力の喪失、あらゆる行動の制止、自己感情の低下によって特徴づけられる。自己感情の低下は、自己非難や自己罵倒として表現され、妄想的に処罰を期待するまで亢進することがある。この病像は、ただ一つの点を除いて喪も同じ特徴を示すということを考慮に入れると、いっそう理解が容易になるだろう。すなわち、喪においては自己感情の障害が起こらないのである。この違いがなければ、喪とメランコリーは同じものである。愛した人の喪失の反応である深い喪は、同じような苦痛に満ちた気分をもたらす。すなわち、外的世界に対する関心の喪失（外界が愛する人を思い起こさせる場合は別である）、何らかの新しい愛の対象を選ぶ能力の喪失（それは失われた愛する人の代替物になるかもしれないのだが）、亡くなった人物の思い出と関わりのないあらゆる行為に背を向けることなど、メランコリーと同じものを含んでいる。自我のこのような制止と制限は、もっぱら喪に没入していることの表現であり、その際にはもはや別の意図や関心などは残されていないことを、私たちは容易に理解できる。そもそも、このような態度が病的なものと思えないのは、それがあまりにも明快に説明できるからである。

また、喪の気分を「痛い」と呼ぶ関連づけも適切なものと思われる。痛みを経済論的に特徴づけられるようになれば、この関連づけが正当な根拠を持っていることが明らかになるだろう。

ところで、喪の作業とはどのようなことから成り立っているのだろうか。それを次のように表現しても、何ら不自然なところはないだろう。すなわち、現実検討によって、愛した対象がもはや現存しないことが示されると、その対象との結びつきから、すべてのリビドーを撤収するよう要求が出される。しかし、それに対して当然の抵抗が生じる。一般に観察されることだが、人間はリビドー態勢を変えたがろうとはしないものである。たとえ代替物がすでに待ち受けている場合でさえ、そうなのである。抵抗がきわめて強くなると、幻覚性欲望精神病（前の論文[*1]を参照のこと）によって、現実からの離反と対象への固執が起こることもある。正常な状態とは、現実に対する尊重が勝利を保つことである。しかし、この課題は、すぐに達成されるわけではない。それは時間と備給エネルギーの多大な浪費をともなって段階的に実現されるのであり、その間、失われた対象は心的に存在し続ける。リビドーがその中で対象と結びついていた想起や期待の一つ一つに焦点がしぼられ、過剰備給がなされてリビドーの引き離しが実行される。現実の命令を一つ一つ遂行するという妥協の実行がどうしてこれほどまでに苦痛なことなのか、その経済論的な根拠を述べるのは決して容易ではない。不思議なことに、私たちの目には、この苦痛の不快が当然のように映る。しかし、実際のところ、喪の作業が完了したあと、自我は再び自由になり、制止がなくなるのである。

それでは、喪について知ったことを、今度はメランコリーに適用してみよう。一連の症例では、メランコリーもまた愛する対象の喪失に対する反応であることは明らかである。ところが、他の誘因による症例では、より観念的な性質を持つものの喪失が問題になっていることも分かる。対象は実際に死んだのではなく、愛の対象として失われてしまったのである(例えば、見捨てられた花嫁の場合)。さらに他の症例では、何らかの喪失があったと想定すべきであることは確信しているのだが、何が失われたのかは明瞭には分からない。また、そういう場合はなおさら、患者もまた自分が何を失ったのかを意識的に把握することができないのである。さらには、メランコリーを引き起こした喪失を患者が知っている場合にも、そういうことは起こりうる。しかし、患者は誰を失ったか知っているが、その人物における何を失ったのかは知らないのである。このように、メランコリーは意識から逃れた対象喪失と何らかの形で関係しているが、その点で喪失したものが十分に意識されている喪とは区別されると考えられるだろう。

喪の場合に生じる制止と関心の喪失は、自我を消耗する喪の作業から完全に解明された。メランコリーの場合の自覚されていない喪失でも、結果的にそれと似た内的な仕事が遂行され、それによってメランコリー性の制止が起こる。ただし、メランコリー性の制止が謎めいた印象を与えるのは、何が病者をかくも完全なまでに消耗させているのかが分からないからである。メランコリー患者には、さらに常軌を逸した自我感情の低下と顕著な自我の貧困化が生じるが、喪の場合にはそのような特徴は見られない。喪の場合は世界が貧しく空虚であるが、メランコリーの場合は自我それ自身が貧しく空虚になる。患者はみずからの自我を価値のないもの、無能で道徳的に非難されるべきものと表現し、みずからを非難し、みずからを罵倒し、追放と処罰を期待している。患者は誰の前でもみずからを貶《おとし》め、自分の家族の誰に対しても、かくも価値のない人物と関係を持っていることを嘆く。患者は自分に変化が生じたという判断ができず、自己批判を過去にまで延ばして、今まで一度も優れていたことはない、と主張して憚《はばか》らない。このような――主に道徳的な――微小妄想の病像は、不眠、栄養の拒絶、および心理学的には非常に奇妙なことだが、あらゆる生物を生につなぎとめさせる欲動まで克服されてしまうこともある。

みずからの自我に対して、このような告訴を申し立てる患者に反論するのは、学問的にも治療的にも実りのないことだろう。患者にはどこか正しいところがあるはずで、自分にそう見える事態を述べているだけなのである。私たちは、そのいくつかの申し立ては留保なく、ただちに認めなくてはならないだろう。患者は実際、患者が言うとおり、関心を失い、愛する能力も、何かを成し遂げる能力もなくしているのである。しかし、それはすでに述べたように二次的なことである。つまり、私たちには知られていないが、喪と同じような作業が内的に行われていて、その作業がメランコリー患者の自我を消耗させている。他のいくつかの自己告発においても患者は同様に正しいように見え、メランコリー患者ではない他の人々よりも真実を鋭敏につかみとっているにすぎないようにも思われる。患者が自己批判を強め、みずからは狭量で、利己的で、不誠実で、自立していない人間であり、いつも自分の性質の弱さを隠そうとする努力ばかりしている、と述べるとき、私たちの知るかぎり、患者は自己認識にかなり近づいているのである。私たちはただ、どうしてそのような真理を把握するために病気にならなければならないのか、と疑問に思うだけである。というのも、そのような自己評価を見出し、それを他人の前で述べる人は――それはハムレット王子が自分にも他のすべての人にも求めていた評価である[2]――、その人が真実を言っているにせよ、みずからを多かれ少なかれ不当に扱っているにせよ、病気に違いないからである。また、私たちが見るかぎり、メランコリー患者の自己卑下の程度とその理由になる現実とが対応していないことにも容易に気づく。かつて真面目で有能で責任感の強い女性がメランコリーにかかると、実際に何の役にも立たない女性よりも自分のことを悪く言うものである。しかも、おそらく、そのような女性のほうが、褒め言葉の一つも見つからない女性より、メランコリーにかかる見込みが大きいのである。最後に私たちの注目を引くのは、メランコリー患者が、ふつうに後悔や自己非難でうちひしがれている人と違ったようにふるまうことである。後悔や自己非難でうちひしがれている人を何よりも特徴づけているのは、他者を前にした恥じらいだろうが、メランコリー患者にはそれがないか、少なくとも目立たない。メランコリー患者にはそのほとんど反対の特徴が見られることを強調してもいいだろう。メランコリー患者は、自分自身を暴露することに満足を見出すかのように、厚かましく自身のことを打ち明けるのである。

したがって、メランコリー患者の批判が他人からの判断と一致する際、その苦しい自己卑下が正しいと言えるかどうかを問うことは重要ではない。それよりも、患者が自分の心理状況を正確に述べているのかを問題にしなくてはならない。患者は自尊心を失ったが、それには十分な根拠があるはずである。ここで私たちは解決するのがきわめて難しい謎を投げかける矛盾と直面することになる。喪との類似から、患者は対象に関する喪失を苦しんでいる、と私たちは推論しなくてはならなかったが、患者の言述から明らかになるのは、自我に関する喪失なのである。

このような矛盾に取り組む前に、少しのあいだ、メランコリー性の疾患が人間の自我の構成について与えてくれる洞察のもとにとどまることにしよう。メランコリーでは自我の一部が他の部分と対立していて、他の部分を批判的に評価し、いわば対象とみなしていることが分かる。ここで自我から分離した批判的審級は、別の状況のもとでもその自立性を示すことができるのではないかという疑いは、さらに観察を続けることで確証を得るだろう。私たちは、この審級を残りの自我から区別する実際的な根拠も見出すだろう。ここで確認できるのは、通常、良心と呼ばれている審級である。この審級は、意識の検閲、現実検討とともに、大きな自我機構と考えることができる。そして、この審級がそれ自体で病気になりうることの証明も、またどこかで得られるだろう。メランコリーの病像は、みずからの自我に対する道徳的な嫌悪を他人の非難の前にさらけ出すことである。身体的な欠陥、醜さ、弱さ、社会的な地位の低さが自己評価の対象になることは、きわめて稀である。ただし、貧困だけは患者の心配や訴えの中で特別な位置を占めている。

一つの観察が先ほど提示した矛盾の解明を導くだろう。この観察を行うのは決して難しいことではない。メランコリー患者のさまざまな自己告訴に辛抱強く耳を傾けていると、そうした自己告訴のうち最も強いものが、しばしば患者本人にあてはまるのはきわめて稀であることが分かる。むしろ、わずかな修正を加えると、患者が愛している人、かつて愛した人、または愛しているはずの別の人物にあてはまりうる、という印象を払いのけることができなくなる。また、実際の事情を調べてみればみるほど、この推測の正しさは確認されるのである。自己非難を、愛する対象への非難が方向を変えて患者の自我に向けられたものと理解するなら、私たちはメランコリーの病像の鍵を手に入れたことになる。自分の夫が無能な女性と一緒になったことを大声で嘆く妻は、それをどういう意味で言ったにせよ、実際のところ、夫が無能であることを告訴しているのである。反転した自己非難の中に真の自己非難が若干ちりばめられていたとしても、特に驚くべきことではない。そのような自己非難は、別の自己非難を隠し、事態の真相を知られないようにするため、前面に出ることが許されている。また、自己非難は、結果として愛の対象の喪失を導いた愛の葛藤に対する肯定と否定の感情から生まれることもある。患者の態度もまた、今でははるかに理解しやすくなっている。語の古い意味に従うなら、彼らの嘆きは告訴なのである。[*2] 彼らが自分を侮蔑して語るすべてのことは、根本的には誰か他の人について語られているため、彼らは恥じることも隠すこともない。彼らは品性の卑しい人々にもっぱらありがちな遜《へりくだ》りや諂《へつら》いを周囲の人々に見せることからは程遠い。彼らはむしろ、ひどく責め苛《さいな》まれ、絶えず悩んでいて、あたかも大きな不正をこうむっているかのようである。そうしたことが可能なのは、彼らの態度が示す反応がそもそも反抗という心的配置に由来しているからである。そして、この心的配置が特定の過程を経て、メランコリー性の後悔に移行したのである。

　この過程を再構成するのは難しくない。まず、ある対象選択、特定の人物へのリビドーの拘束があった。ところが、のちに愛する人物の側から実際に侮辱されたり失望させられたりすると、その影響によって、この対象関係に動揺が生じる。それに引き続いて起こるのは、この対象からリビドーが撤退して別の新たな対象に移動させるという正常な帰結ではなく、その実現のためには、より多くの条件が要求されるように見える結果であった。対象備給はほとんど抵抗することなく放棄されたが、自由になったリビドーは他の対象に移動せず、自我の中に引き戻された。しかし、リビドーは、そこで自由に使われるのではなく、放棄した対象を自我に同一化させるために用いられる。対象の影がこのように自我の上に落ちて、自我は今や、ある特別な審級から、あたかも一つの対象、放棄された対象と判断されるようになる。このようにして、対象喪失は自我喪失に変わり、自我と愛する人との葛藤は、自我批判と同一化によって変化した自我の内的分裂に変わったのである。

　このような過程の前提と結果から、すぐにいくつかのことを推測できる。一方では愛の対象への強い固着があるが、他方では、それとは矛盾するが、対象備給の放棄はほとんど抵抗なしに行われるに違いない。O・ランクの適切な指摘によると、この矛盾が生じるには、対象選択がナルシス的な土台の上で行われ、したがって困難が生じると対象備給がナルシシズムに退行できることが必要になると思われる。その場合、対象へのナルシス的同一化が愛情の備給の代替物となり、その結果として、愛する人との葛藤があるにもかかわらず、愛情関係が放棄される必要はないのである。同一化と対象愛のこのような代替は、ナルシス的疾患において重要な意味を持つメカニズムである。K・ランダウアーは、最近、統合失調症の治癒の過程において、このメカニズムを明確にした[3]。これは、もちろん対象選択の一つの型が根源的ナルシシズムに退行することに対応している。すでに別のところで詳しく述べたように、同一化は対象選択の前段階であり、自我が対象を選ぶ最初の方式――その表現は両価的な形をとる――である。自我は対象を取り入れようとし、リビドー発達の口唇期あるいは食人的な段階に応じて食い尽くす、という方法をとる。アブラハムは、メランコリー状態がより重篤な形をとった際に生じる食事の拒否をこのような関連から考察しているが、それは的を射たものである。[*3]

このような理論から得られる結論は、メランコリーに罹患する素因、あるいはその素因の一部はナルシシズム的対象選択が優位を占める、というものになるが、残念ながら、このことはいまだに臨床的研究では確認されていない。私は、この論文の導入部で、この研究が依拠している経験的素材は私たちの要求を満たすほど十分なものではないことを認めておいた。私たちの推論と観察例が一致することを認められるなら、対象備給がナルシシズムに属する口唇的なリビドー段階に退行することをメランコリーの特徴に加えるのをためらうことはないだろう。対象への同一化は、転移神経症の場合も決して稀なことではなく、むしろ症状形成の際に、とりわけヒステリーではよく知られたメカニズムである。しかし、ナルシシズム的同一化はヒステリー的同一化から次の点で区別できる。ナルシシズム的同一化では対象備給は引き上げられるが、ヒステリー的同一化では対象備給は残ったままで、その影響が及ぶのは特定の個々の行為と神経支配に通常は限定されている。いずれにせよ、転移神経症における同一化は共同性の表現であり、これは愛情を意味することがある。ナルシス的同一化は、より根源的なものであり、いまだあまり研究されていないヒステリー的同一化を理解するための糸口になる。

したがって、メランコリーは、その性格の一部を喪から借り、別の一部をナルシス的対象選択からナルシシズムへの退行の過程から借りている。メランコリーは、一方では喪と同じく愛の対象を現実に喪失したことへの反応であるが、それに加えて、正常な喪にはない条件、あるいはそれが加わると病的な喪に変わってしまう条件を抱え込んでいる。愛の対象の喪失は、愛情関係における両価性を発揮させて前面化させる際立った誘因となる。強迫神経症の素因がある場合、喪における両価性の葛藤は病的な形をとる。そして、喪が自己非難になることを強いられ、愛の対象の喪失を引き起こしたのは自分であり、自分はそれを望んでいた、と口にするようになる。愛する人が亡くなったあとの、このような強迫神経症的な抑鬱では、リビドーの退行的な撤収がともなわなければ、両価性の葛藤はそれだけでもどれほど強い力を発揮するか、ということを私たちに見せつける。メランコリーの誘因は、多くの場合、死による喪失という明白な場合だけでなく、侮辱、無視、幻滅など、相互の関係の中に愛と憎しみの対立をもたらし、以前からあった両価性をいっそう強めることになる、あらゆる状況が含まれる。この両価性の葛藤は、現実的な要因に由来することも、素質的な由来を持つこともあるが、いずれもメランコリーの前提条件をなしており、軽視してはならない。愛の対象そのものは放棄されたのに、対象への愛は放棄されず、ナルシス的同一化に逃げ込むと、この代替対象に対して憎しみが働く。そして、その対象を罵倒し、貶《おとし》め、苦しめることで、その苦しみからサディズム的な満足を得る。メランコリーの明らかな享楽に満ちた自己処罰は、強迫神経症に見られる同様の現象と同じように、サディズム的傾向と憎しみの傾向(4)を満足させている。これらの傾向は、ある対象に向けられていたが、これまで述べた経過によって自分自身へと反転したのである。この二つの疾患では、患者は自己処罰という迂回路を通って本来の対象に復讐することができる。そして、本来の対象に直接的に敵意を示さなくても済むように、メランコリーという疾患に罹患し、この疾患を介して彼らが愛する人々を苦しめるのである。患者の感情障害を呼び起こす人物、患者の病気が向けられている人物は、通常、患者の最も身近な人々の中に見出される。このように、メランコリー患者の対象に対する愛情の備給は二重の運命をたどったことになる。つまり、その一部は同一化へと退行し、他の一部は両価性の葛藤の影響を受けて、その葛藤により近いサディズムの段階に引き戻されるのである。

このサディズムによって初めて、メランコリーをかくも興味深く、またかくも危険なものにしている自殺傾向の謎が解ける。欲動生活が出現する原初的な状態とは、自我がみずからに向ける巨大な愛である。生命が危険にさせられた際に出現する不安においては、非常に大量のナルシス的リビドーが自由になるので、そのような自我がどうして自己破壊に同意できるのか、私たちには理解できない。確かに、以前から、神経症者には自殺の意図を感じさせるものがなく、他人に対する殺人衝動が自己に向け変えられることがないのを私たちは知っていたが、しかし、どのような力関係によって自殺の意図が行為に移されるのかは理解できないままだった。ところが、メランコリーの分析は次のことを教えてくれる。すなわち、対象備給の回帰によって自我がみずからを一つの対象のように扱うことができる場合、そして対象に向けられた敵意、つまり外界の対象に対して自我の原初的な反応を代行するものである敵意を自我がみずからに向ける場合、自我はみずからを殺すことができるのである（「欲動と欲動の運命」を参照のこと）。このように、ナルシス的対象選択が退行すると、対象はなるほど放棄されるのだが、対象はなおも自我より強大であることが明らかになった。極度の惚れ込みと自殺という二つの正反対の状況では、まったく違った仕方ではあるが、自我は対象に圧倒されているのである。

さらに、メランコリーの目立った性格の一つとして貧困不安の突出があるが、これは内的結合から引き離されて退行的に変化した肛門性愛から派生したものと推測できるだろう。

メランコリーはさらに別の問題も提起するが、それらの一部には答えを出すことができない。ある一定の期間を過ぎると、明らかに目立った変化を残さずに過ぎ去るが、この性格は喪と共通するものである。喪の場合、現実検討の命令を事細かに実行するには時間が必要であり、その作業のあと、自我は失われた対象からそのリビドーを解放することができるのを私たちは知っている。メランコリーの経過のあいだにも、自我はそれと似た作業に従事していると考えられる。しかし、どちらの場合も、その経済論的な理解は得られていない。メランコリーによる不眠は、状態の硬直を、つまり眠るために必要な備給の撤収を行えないことを示している。メランコリーのコンプレクスは、開いた傷口のようにふるまい、あらゆる側面から備給エネルギーをみずからのほうに引き寄せ（これを私たちは転移神経症の際に「対抗備給」と呼んだ）、自我を完全な貧困に至るまで空虚にする。このコンプレクスが自我の睡眠欲望に対して抵抗することは容易に示せる。心因としては説明できない、おそらく身体的な契機によって、夕方には決まって状態は軽くなる。このような検討に対しては、次のような問いが浮かんでくる。対象を考慮に入れることのない自我喪失（純粋にナルシス的な自我の疾患）はメランコリーの病像を生み出すのに十分ではないのか、また中毒因の自我リビドーの貧窮は直接的にこの疾患の一つの形を生み出しうるのか、という問いである。

メランコリーの最も奇妙で、解明が必要な特性は、それがマニーという症候学的には対立する状態に変転するという傾向である。周知のように、すべてのメランコリーがこの運命をたどるわけではない。多くのケースでは周期的に再発するが、その中間期ではマニーの色調はまったくないか、ごくわずかしかない。他のケースでは、規則的にメランコリーとマニーの病相を交互に繰り返すが、これは循環精神病と呼ばれている。精神分析的作業が、この病気のいくつかの症例を解明し、治療効果をもたらすことがなかったなら、これらの症例を心因的な理解の埒外に置いていたかもしれない。それゆえ、メランコリーの精神分析的な解明をマニーにも広げるのは、妥当なだけでなく、必要なことでもある。

私はこの試みが十分に満足のいくものになるとは約束できない。むしろ、それは最初の方向づけをする以上のことはできないだろう。ここでは二つの手がかりが利用できる。一つは精神分析経験から得られた印象であり、もう一つは、いわば普遍的と言える経済論的な根拠を持つ事実である。最初に挙げた印象というのは、すでに何人かの精神分析の研究者が語っているが、マニーはメランコリーと同じ内容を持ち、どちらの病気も同じ「コンプレクス」と対決している、ということである。メランコリーでは、自我はコンプレクスに敗北しているが、マニーにおいては、自我はコンプレクスを克服しているか、あるいは取り除いている。また、もう一つの手がかりになる事実とは、喜び、歓喜、勝利感など、マニーのふつうの病像が示すあらゆる状態は同じ経済論的条件のもとで起きる、ということである。これらの状態には一つの作用が関係している。その作用によって、長く続いた、あるいは習慣になってしまった大量の心的出費がついに必要なくなると、それをさまざまな使用や放出の可能性に向けることができるのである。例を挙げてみよう。貧乏人が突然、大金を手に入れ、日々のパンをめぐるそれまでの心配から解放される場合、長く骨の折れる努力がついに報われて成功を獲得した場合、重苦しい強迫や長く続けてきた偽りの姿を一挙に捨て去ることができるようになった場合などである。このような状況はすべて、高揚した気分、喜びの情動の放出、そしてさまざまな行為に向かう意欲の増大によって際立っているが、これはマニーとまったく同様であり、メランコリーの抑鬱や制止とは正反対である。マニーとはこのような勝利にほかならないとも言えるが、その場合にも、自我が何を克服したのか、そして何に勝利したのかは自我には分からないのである。これらと同じ一連の状態にあるアルコール酩酊も――上機嫌な酩酊に限られるが――同様のものと考えられるだろう。その場合は、おそらく抑圧のために使われる支出を薬理的になくすことに成功したのである。素人的考えからすれば、そのようなマニー的状態にある人が、やたら動きたがり、何かの計画に乗り出すのは、その人が「上機嫌」だからだとみなしたがる。もちろん、この間違った結びつきは切り離さなくてはならない。すでに指摘した経済論的条件が心的生活において満たされたため、一方ではかくも陽気な気分になり、他方では行動の抑制がきかなくなるのである。

この二つのことが示唆している事柄をまとめると、次のようになる。マニーでは、自我は対象の喪失を（あるいは喪失についての喪を、そしてひょっとすると対象自体を）克服したに違いない。そして、メランコリーの苦痛に満ちた苦悩が自我からみずからに引き寄せて拘束していた対抗備給の全体量が、今や自由に利用できるようになったのである。マニー患者は、飢えた人のように新たな対象備給に向かうことによって、彼が苦しめられていた対象から解放されたことを、はっきりと私たちに誇示する。

この説明はいかにももっともらしく聞こえるが、第一にはまだ不明瞭なところが多すぎるし、第二には私たちが答えられない新たな問いと疑問を浮かび上がらせる。それらの問いや疑問を解決する道が議論によって見つかるとは期待できないかもしれない。しかし、それでも私たちはそのような議論を避けようとは思わない。

最初に次のことを考えてみよう。正常な喪も対象の喪失を克服するし、その作業のあいだに自我のすべてのエネルギーは同様に汲み尽くされる。しかし、喪においては、喪が過ぎ去ったあと、勝利の段階を示すはずの経済論的条件がほのめかしの形としてすら起こらないのはなぜなのだろうか。この異論に単刀直入に答えるのは不可能だと思われる。この異論はまた、どのような経済論的方法によって喪がその課題を解決するのかを、これまで私たちが一度も明確にできていないことに注意を促す。しかし、次のような推測が急場しのぎになるだろう。リビドーが失われた対象と結びつけられていることを示す想起や期待の状況の各々に対して、現実は、対象がもはや存在していない、という判断を下す。すると、自我はいわば、この運命をともにするかどうかを決めなくてはならなくなる。そして、生にとどまることのナルシス的満足の総量に動かされて、なくなった対象の拘束を解消するのである。この解消はとてもゆっくりと、一歩ずつ進められるので、喪の作業が終わると、そのために必要とされた消費もまた放散してしまっている、と考えることができる。(5)

喪の作業についての推測からメランコリーの作業を提示する道を探るのは魅惑的な試みだが、すぐに不確かな点に道を遮《さえぎ》られる。これまで私たちは、メランコリーの局所論的な観点をほとんど考慮しなかったし、メランコリーの作業が、どのような心的系の中で、あるいはどのような心的系のあいだで生じているのか、という問いを立てることもなかった。この疾患では無意識的対象備給が放棄されたが、その点に関して、どのような心的な過程が生じているのだろうか。そして、自我において、その無意識的対象備給に同一化が取って代わる際には、どのようなことが起きているのだろうか。

今、すぐに思いつき、容易に記述できるのは「対象の無意識的な（物）表象からリビドーが切り離される」ということである。しかし、実際には、この表象は無数の個々の印象（表象の無意識的痕跡）によって代行されているので、このリビドーの撤収は瞬間的な過程として遂行されるのではなく、喪の場合と同様に、緩慢で、徐々に段階的に進む過程をたどる。その過程は同時に複数の場所で始まるのか、それとも何らかの決まった順序があるのか、簡単には判断できない。私たちは分析治療の中でしばしば気づかされるが、ある時はある想起、ある時は別の想起が活動的になり、同じ言いまわしで、その単調さゆえに退屈させられるような訴えが、そのつど別の無意識的な根拠を持っているのである。対象が自我にとって多数の結びつきによって強められた大きな意味を持っていない場合、その対象の喪失が喪やメランコリーを引き起こすことはない。リビドーの撤収が個別に働く仕方は、メランコリーでも喪でも同じ性質を持っており、おそらく同じ経済論的条件に基づき、同じ傾向に従っている。

しかし、メランコリーは、これまで見てきたように、正常な喪より何かしら多くの内容を持っている。対象との関係は、メランコリーでは単純ではなく、両価性の葛藤によって複雑になっている。両価性は素質的であるか、すなわち自我のあらゆる愛情関係に結びついたものであるか、あるいは対象喪失の脅威がもたらす体験に由来しているかのどちらかである。それゆえ、喪は通常、現実の喪失、すなわち対象の死によってのみ引き起こされるのに対して、メランコリーは誘因において喪をはるかに越え出ている。メランコリーでは、それゆえ対象をめぐって無数の個々の戦いが起こる。これらの戦いにおいては、憎しみと愛が争い合う。憎しみはリビドーを対象から解き放とうとするが、愛はこの襲撃に対してリビドー態勢を守り抜こうとする。これらの個々の戦いは、無意識（Ubw）系、つまり物の想起痕跡（語備給と対立する）の領域である無意識（Ubw）系でしか起こりえない。喪におけるリビドーを解き離そうという試みも同じく無意識（Ubw）系で起こるが、その場合、この過程が前意識（Vbw）系から意識に向かう正常な道を妨げるものはない。この道は、メランコリーの作業においては、数多くの原因もしくはそれらが組み合わさることで妨げられる。素質的な両価性は、それ自体が抑圧されたものであり、対象との関係で生じた外傷的な経験は他の抑圧されたものを活動的にする可能性がある。したがって、メランコリーに特有の出口が生じるまでは、これらの両価性の戦いに関するすべてのことは意識から逃れたままである。メランコリーの出口とは、私たちが知っているように、脅威にさらされたリビドー備給が最終的に対象を捨て、リビドーがもっぱらそこから出てきた自我という場所に戻ることなのである。そのように自我の中にひきこもることで、愛は消失せずに済むのである。リビドーが退行したあとには、この過程が意識されるようになり、自我の一部と批判的審級のあいだの葛藤として意識に代理表現される。

したがって、メランコリーの作業について意識されることは、この作業の本質的な部分ではなく、私たちが苦痛の解決に影響を及ぼすと考えられる部分でもない。患者の自我がみずからを貶《おとし》め、みずからに腹を立てるのは分かるが、それが何をもたらし、どのように変わるのかは、患者と同様、私たちもほとんど理解できていない。メランコリーの作業と喪の作業の本質的な類似を見出すのは容易なので、むしろメランコリーの作業の無意識的部分がこのような事態の原因になっていると考えられる。喪は自我に対象を断念させるために対象の死を明らかにし、生き残ることの利得を自我に示す。それと同様に、メランコリーのあらゆる両価性の葛藤は、対象に対するリビドーの固着を緩めるために対象を貶め、価値を落として、いわばそれを打ち倒すのである。怒りが荒れ狂ったあとか、対象が価値のないものとして放棄されたあとに、無意識（Ubw）におけるこの過程が終わる可能性がある。この二つの可能性のどちらが、通例、あるいは多くの場合、メランコリーを終わらせるのか、そしてその終結が症例のその後の経過にどのように影響を与えるのかは、私たちにはまだ分からない。その際、自我は自分をよりよいもの、対象より優れたものと認め、満足を味わうのだろう。

メランコリーの作業について、このように理解することはできるとしても、その理解では私たちが解明しようと目指した当の問題を明らかにすることはできない。メランコリーが終わったあとにマニーが発症するための経済論的条件を、メランコリーを支配している両価性から引き出そうとする私たちの期待は、他のさまざまな領域からの類推に依拠している。しかし、考慮に入れなくてはならない一つの事実がある。メランコリーの三つの前提条件――対象の喪失、両価性、自我へのリビドーの退行――のうち最初の二つは、身内の者が亡くなったあとの強迫的な非難にも見出すことができる。そこでも葛藤の原動力になっているのが両価性であることには疑いの余地がない。しかし、これまでの観察によれば、そのような葛藤の経過のあとには、マニーの状態の勝利感のようなものは何も残らない。したがって、私たちは唯一有効なものとして、第三の前提条件に目を向けることになる。メランコリーの仕事が終わると、当初は拘束されていた備給の蓄積が解放され、マニーを生じさせるが、これはナルシシズムへのリビドーの退行と関連しているに違いない。メランコリーは対象をめぐる戦いの代わりに、自我の内に葛藤を作り出すが、それは痛む傷口のように並外れて高い対抗備給を要求するのである。しかし、ここでは再び立ち止まり、まずは身体的苦痛、それからその苦痛と類似した心的な苦痛の持つ経済論的な性質への新たな理解が得られるまで、マニーについてのさらなる解明は延期するのが適切だろう。周知のように、錯綜した心的な問題は相互に関連しているため、他の研究成果を役立てられるようになるまで、このような研

究は不完全なまま中断せざるをえないのである。(6)

原注

(1)　この主題についての分析的研究はわずかしかないが、その中で最も重要な成果をあげたアブラハムもまた、この両者の比較から考察を始めている（『精神分析中央雑誌』第二巻第六号、一九一二年）［訳注――カール・アブラハム「躁鬱病および近縁状態の精神分析的研究と治療に関する試論」］。

(2)　「各人をその真価によって扱えば、いったい誰が鞭を逃れようか」（『ハムレット』第二幕第二場）。

(3)　『国際医学的精神分析雑誌』第二巻、一九一四年。

(4)　この区別については「欲動と欲動の運命」を参照のこと。

(5)　これまで経済論的な観点は、精神分析の作業の中でほとんど顧みられることがなかった。例外として、V・タウスクの論文「代償による抑圧動機の価値下げ」を挙げることができる（『国際医学的精神分析雑誌』第一巻、一九一三年）。

(6)　マニーの問題に関する継続的な考察については、『集団心理学と自我分析』を参照のこと。

訳注

＊1　「夢理論へのメタサイコロジー的補足」を指す。

＊2　「嘆き」の原語は Klage.「告訴」は Anklage. Klage は「嘆き」という意味以外に、法律用語として「告訴」という意味を持つ。

＊3　カール・アブラハムは、一九一五年三月三一日のフロイト宛の手紙で、メランコリーにおける食事の拒否という症状について論じている。

転移神経症概要［草稿］[1]

準備的考察

詳細な探究に続いて（転移神経症の）諸性格を要約し、個々の要因を他のものから区別して、比較を行う。諸要因とは、抑圧、対抗備給、代替・症状形成、性機能との関係、退行、素因である。ここでは、不安ヒステリー、転換ヒステリー、強迫神経症の三つの類型に限定する。

a) 抑圧は、三つの類型の神経症すべてにおいて、無意識（Ubw）系と前意識（Vbw）系の境界で起こる。[2] 抑圧は、前意識的（vbw）な備給の撤収または拒否によって成立し、対抗備給によって確固としたものになる。強迫神経症では、後期の段階になると、抑圧は前意識（Vbw）と意識（Bw）の境界に移動する。

のちに取り扱うグループ[3]では、抑圧には別の局所論があり、したがって抑圧は分裂の概念に拡張されることが分かるだろう。

局所論的観点を過大に見積もり、例えば二つの系のあらゆる交通は抑圧によって遮断される、と考えてはならない。より本質的なのは、どの要素にこの遮断装置が導入されているかを知ることである。

抑圧の成功と完遂は相互に関係しており、不成功の場合はさらなる努力が求められる。成功は、三つの神経症において、またそれらの神経症の個々の段階において異なっている。

不安神経症において、抑圧の成功は最も少なく、前意識的（vbw）（および意識的（bw））な代理表現も生じないままである。あとになって、不快な表象の代わりに、ある代替表象が前意識的（vbw）および意識的（bw）になる。最終的に恐怖症が形成される場合には、大がかりな断念によって不快な情動が制止されるか、十分な逃避の試みによって抑圧は目的を達する。抑圧の目的は常に不快の回避である。代理表現の運命は、この過程の一つの標識にすぎない。防衛すべき過程が、見かけ上、表象と情動（代理表現と量的要因）へと解体されるのは、まさに抑圧が語表象の拒否によって成立すること、つまり抑圧の局所論的性質に由来している。

強迫神経症では、はじめのうちは抑圧は完全な成功を収めるが、長くは続かない。過程もまた完遂されない。成功を収めた最初の段階のあとに第二の段階が続くが、最初の段階（二次的抑圧、強迫表象の形成、強迫表象に対する戦い）は不安神経症と同様に代理表現による代替で満足し、その後（第三）の段階は恐怖症に相当する断念と制約を生むが、論理的手段を用いる点で（恐怖症と）異なる働きをする。

これに対して、転換ヒステリーの抑圧の成功は、最初から完全だが、強力な代替形成という犠牲によって獲得されたものである。個々の抑圧過程の経過は完遂している。

b) 対抗備給

不安ヒステリーにおいては、最初、対抗備給はなく、純粋な逃避の試みだけが見られる。その後、対抗備給は代替表象に流れ込み、とりわけ第三の段階では、そこから不快の解放を確実に封じ込めるために、その表象の周囲に流れ込む。それは警戒と注意という形をとる。対抗備給は、前意識的（vbw）な備給の配分を、つまり神経症が必要とする出費を示している。

強迫神経症では、最初から両価的な欲動に対する防衛が問題になっており、対抗備給は最初の抑圧をうまく果たし、次に両価性によって反動形成を成し遂げて、第三の段階で強迫表象を特徴づける注意深さを生み出し、論理的作業にこだわり合う。つまり、第二、第三の段階は不安ヒステリーとまったく同様である。第一の段階での違いは、対抗備給が不安ヒステリーではまったく働かないのに対して、強迫神経症では全面的に働く点である。

いずれの場合にも、対抗備給は抑圧に釣り合うように、前意識（Vbw）の割り当て分を確保している。転換ヒステリーでは、最初から対抗備給が欲動備給との合致を求め、妥協のためにそれと一つになって、代理表現についての選択決定に至る、ということから幸運な結末が約束されている。

c) 代替形成と症状形成

代替形成と症状形成は、抑圧されたものの回帰、抑圧の失敗に対応する。当面は両者を分けておき、あとで代替形成を症状形成に合流させる。転換ヒステリーにおいて、両者の合流は最も完全な形になる。すなわち、代替＝症状であり、これ以上分けることはできない。同様に、不安ヒステリーでは、代替形成によって、抑圧されたものの最初の回帰が可能になる。

強迫神経症において、代替形成と症状形成の二つは明確に区別される。抑圧するものの最初の代替形成は対抗備給によって生み出されるが、それは症状のうちに数えられない。それに対して、あとになって生じる強迫神経症の症状は、おおむね抑圧されたものの回帰であり、症状における抑圧するものの配分は少なくなる。

症状形成は私たちの研究の出発点となるものだが、常に抑圧されたものの回帰と一致しており、退行と素因になる固着の助けによって生じる。一般的な法則として、退行は固着まで遡り、そこから抑圧されたものの回帰が果たされる。

d) 性的機能に対する関係

これに関しては、抑圧された欲動の動きは、いつもリビドー的で、性生活の一部であるということが変わらずあてはまる。一方、自我によって生じる抑圧は、さまざまな動機によるものである。抑圧は（強力な力のために）「できない」あるいは「したくない」と要約することができる。「したくない」ということは、自我理想との相容れなさ、あるいは別の形で懸念される自我の損害に起因する。「できない」ということもまた損害に関連している。

この根本的な事実は、二つの要因によって隠される。第一に、いずれもリビドー的である二つの欲動の動きのあいだの葛藤によって抑圧が引き起こされたかのように見えることがしばしばある。これは、その動きの一つが自我適合的なものであり、葛藤の際に、自我から生じる抑圧に助けを求めることができると考えれば理解できる。第二に、抑圧された要求の中には、リビドー的な要求だけでなく、自我の要求も見出される。とりわけ、神経症が持続し、進展している場合、それは頻繁に、しかもはっきりと見出される。自我の要求は次のように生じる。抑圧されたリビドー的動きが、その成分の一部を自我の要求に提供するといった迂回を経ることで、みずからを貫徹し、自我の要求にエネルギーを移して、今度はこの自我の要求を抑圧へと引きずり込む。これは大規模に起こりうることである。そのことによって、最初に述べた命題[*4]の一般的妥当性が変わることはない。神経症の始まりの段階から洞察を汲み出すことは、もっともな主張である。

ヒステリーと強迫神経症では、抑圧が性的機能に向けられているのは明白である。性的機能は、その最終的な形態においては生殖の要求を表している。最も明瞭なのは、またも転換ヒステリーである。というのも、そこには複雑さが生じないからである。強迫神経症の場合、まずは退行である。しかし、この関係を誇張してはならない。例えば、抑圧がリビドーのこの段階でのみ有効性を持つ、と想定してはならない。逆に、まさしく強迫神経症は、抑圧がリビドーに左右されない一般的過程であることを示している。というのも、この場合、抑圧は前段階に向けられているからである。同様に、発達においても、倒錯的な動きに対しても抑圧が要請されていることを強迫神経症は示している。問題は、抑圧が発達においては成功するが、他の場合はそうではない、ということである。リビドー的な要求は、その性質からして代行可能性がきわめて高く、それゆえ通常の要求が抑圧される際に倒錯的な動きは強化される。その逆の場合もある。退行や他の欲動の運命と同様、抑圧は性的機能に対する防衛に努めること以外に、性的機能との関係はない。

不安ヒステリーでは、性的機能との関係はより不明瞭である。その理由は、不安ヒステリーの治療において明らかになった。不安ヒステリーには、性的欲動の要求があまりに大きく、危険であるために、防衛の対象になるような症例が含まれているように思われる。不安ヒステリーでは、リビドー編成による特別な条件はない。

e) 退　行

退行は、最も興味深い要因であり、欲動の運命である。不安神経症には、退行をうかがわせるいかなる機会もない。この要因は不安ヒステリーでは問題にならないと言えるだろう。なぜなら、おそらく、あとになって生じた不安ヒステリーが、どれも幼年期の不安ヒステリー（神経症の原型となる素因）に退行していることはあまりにも明白だからであり、また幼年期の不安ヒステリーは人生のきわめて早い時期に起きるからである。それに対して、他の二つの転移神経症は退行の見事な例であるが、それぞれにおいて、退行は神経症の構造の中で異なる役割を果たしている。転換ヒステリーにおいては、自我の強力な退行が起こる。前意識（Vbw）と無意識（Ubw）の分離がない段階、つまり言語と検閲のない段階への回帰が生じる。しかし、退行は症状形成と抑圧されたものの回帰に役立っている。現在の自我に受け入れられない欲動の動きは、以前の自我に訴えかける。そこから、もちろん別の仕方ではあるが、その自我からの放出が可能になる。その際、一種のリビドー退行が潜在的に生じていることは、すでに言及した。強迫神経症の場合、事情は異なっている。退行はリビドーの退行であるが、それは抑圧されたものの回帰ではなく、抑圧に役立っている。退行は体質的な強い固着あるいは不完全な個体の形成によって可能になる。実際、発達の制止よりも退行のほうが問題になる場合には、防衛の最初の一歩は退行になってしまう。そして、退行のリビドー編成はそのとき初めて典型的な抑圧に屈するが、その抑圧は成功しないままとどまる。自我の退行の一部は、リビドーから自我に押しつけられるか、リビドー段階と関連する自我の不完全な発達の中で起こる（両価性の分離）。

f)［素　因］[*5]

退行の裏には、固着と素因の問題が隠れている。退行は自我発達もしくはリビドー発達の固着点にまで遡り、この固着点が素因を表している、と一般的に言うことができる。したがって、これは神経症選択の決定を準備する際の最も基準となる要因である。それゆえ、この要因については、じっくり時間をかけて取り組む価値があるだろう。固着が生じるのは、ある発達段階があまりに強く形作られたか、あるいはひょっとすると、それがあまりに長く続き、次の段階に完全には移行できなかったためである。固着が何によって、またどのような変化によって起こっているか、ということについて、より明確なイメージを求めないほうがいいだろう。しかし、その由来については、少し述べてみることにする。このような固着がまったく生来的なものである可能性も、早期の印象によってもたらされている可能性も、そして結局のところ、その二つの要因がともに作用している可能性もある。この二つの要因は本来、誰にでもあると言えるだけに、なおさらそうである。つまり、子供には素因が体質的にそなわっている一方で、効力を与える印象が多くの子供たちに同じように与えられるのである。したがって、問題となるのは、より多いか少ないかということと効果的な結びつきである。誰も体質的要因については異論を唱えようとしないため、ΨA（精神分析）は、早期の幼年期に獲得されたものの権利を強く主張するようになったのである。ところで、強迫神経症の場合、体質的要因は転換ヒステリーの場合の偶然的要因より、ずっと明瞭に認められている。体質的および偶然的要因の配分の詳細は、いまだにはっきりしない。

固着の体質的要因が考慮に入れられたところで、獲得という問題が取り除かれるわけではない。獲得ははるか昔の先史時代に遡るだけである。というのも、遺伝的な素因は祖先が獲得したものの遺物であることが正当に主張されているからである。私たちは個人的あるいは個体発生的な素因の背景を探ることで、系統発生的な素因の問題に突きあたる。そして、個人がより以前の経験に基づいて受け継いだ素因に、自分自身の経験から来る新たな素因を付け加えたとしても、矛盾が見出されることはない。経験に基づいて素因を生み出す過程が、まさしく神経症に陥っているある個人から消え去ってしまっている、ということがどうしてありえよう。それとも彼は子孫のためにこの素因を生み出し、自分自身はそれを受け取れないのだろうか。素因と体験は、むしろ必然的な補完をなしていると思われる。

系統発生的な素因が神経症の理解にどれほど寄与できるかについては、いまだに全貌を見渡すことはできない。また、私たちのこのような考察は、転移神経症の領域を超えてしまうことになるだろう。転移神経症の最も重要な弁別的性質は、このような観点からは、そもそも考慮されることがなかった。なぜなら、この性質は転移神経症に共通するものとしては注目されることがなく、ナルシス的神経症を引き合いに出して初めて対照的なものとして注意を引くことになるからである。このように視野を広げることで、自我と対象の関係が前景に移動し、対象の維持が転移神経症の共通の弁別的性質であることが分かる。ここで、このテーマについての準備をすることを許していただきたい。

さらにまた、多くの章で退屈している読者には、あらゆることがどれほど入念で苦労の多い観察に基づいているかに気づいてもらいたいと思う。また、一度ここで空想に対する批判を差し控え、不確かな事柄を持ち出したとしても、それが刺激的で、遠くまで視界を開いてくれるなら、大目に見てもらいたい。[*6]

神経症もまた人間の心的発達史に関する証言をしているに違いない、と想定するのは、いまだなお正当である。「心的事象の二原理に関する定式」という論文で、私は人間の性的要求は自我の要求とは異なる発達をたどるとみなせることを示すことができた。その理由は、基本的に、性的要求が長いあいだ自体愛的な満足を得るのに対して、自我の要求ははじめから対象と現実に向けられている、ということである。人間の性生活がどのようなものであるかを、私たちはおおまかには学んできたと思う（『性理論のための三篇』）。人間の自我の発達、つまり自己保存機能の発達と、そこから派生した形成物の発達をすっかり見通すのは、さらに難しい。ΨA（精神分析）の経験をこのような目的のために用いたものとしては、私は唯一、フェレンツィの試み[*7]しか知らない。もし自我の発達史がどこか別のところから与えられていたなら、神経症を理解するという私たちの課題は当然もっと楽なものになっただろうが、今はその逆の手続きを踏まなくてはならない。リビドーの発達史は自我の発達史より系統発生的にはるかに古い部分を反復している、という印象を受ける。もしかすると、リビドーの発達史は脊椎動物の系統の状態を反復するのに対して、自我の発達史は人類の歴史に従っているのかもしれない。そうすると、広範囲に及ぶ異なった考えを結びつけることのできる一つの系列が存在することになる。この系列は、Ψ（精神）神経症（転移神経症だけでなく）を通常、個人の生涯で出現しやすい時点に従って配列すると成立する。そうするなら、不安ヒステリーはほとんど前提とするものがない最も早期の神経症であり、それに転換ヒステリー（約三歳から）が続き、その少しあとの思春期（九〜一〇歳）の子供には強迫神経症が出現する。子供時代にはナルシス的神経症は生じない。これらのうち古典的な形の早発性痴呆は思春期の疾患であり、パラノイアは壮年期に起こりやすい。メランコリーとマニーもまた同じ時期である。それ以外は、時期ははっきりしない。

したがって、系列は次のようになる。

不安ヒステリー－転換ヒステリー－強迫神経症－早発性痴呆－パラノイア－メランコリー

とマニー

これらの疾患の固着の素因は、とりわけリビドーの素因を考慮に入れる時には、まったく逆の経過をたどる系列を生み出すように思われる。したがって、神経症があとになって発現すればするほど、よりいっそう早期のリビドー段階に退行するに違いない。このことは、しかしおおまかにあてはまるにすぎない。確かに、転換ヒステリーは性器優位の段階に向かい、強迫神経症はサディズム的な前段階に、三つの転移神経症はすべてリビドー発達の完成期に向かうのは明らかである。しかし、ナルシス的神経症は対象の発見の前の段階に遡行する。早発性痴呆は自体愛に、パラノイアはナルシス的な同性愛的対象選択に退行し、メランコリーの根底には対象へのナルシス的な同一化がある。違いは次の点にある。早発性痴呆は確かにパラノイアより早く出現するが、早発性痴呆のリビドー的素因はパラノイアよりずっと早期に遡る。また、メランコリーとマニーは時間的系列の中に確かな形で組み入れることができない。それゆえ、それぞれのΨ（精神）神経症は確かに時間系列をなすが、それがリビドー発達によってのみ決定されるとは断言できないのである。そのことが成り立つかぎりにおいて、両者のあいだの逆の関係を強調してもいいだろう。年齢が上がるにつれてヒステリーや強迫神経症が早発性痴呆に移行することも知られているが、その逆が起こることはない。

また、神経症の時間系列と実際に併行して進む別の系統発生的な系列を構想することができる。ただ、その場合は、ずっと遡って、いくつもの仮説的な中間項に甘んじなければならない。

　原始人－動物は、あらゆる欲求を満たしてくれる豊饒な環境の中で生活を送っていたのであり、私たちはその残響を原初の楽園神話に保持している、という考えを最初に表明したのはヴィッテルス博士[*8]である。そのとき、哺乳類には今もなおつきまとうリビドーの周期性が克服されたのだろう。次いでフェレンツィは、先にも触れたアイデアに富む論考で、この原始人のその後の発達は地球の地質学的な運命の影響をこうむり、とりわけ氷河期の困窮が原始人に文化的発展への刺激をもたらした、と述べている。人類が氷河期にはすでに存在し、氷河期の影響を直接に経験したということは、実際のところ一般に認められている。

　フェレンツィの考えを取り入れるなら、次のような試みをきわめて容易に思いつく。つまり、不安ヒステリー、転換ヒステリー、強迫神経症のそれぞれの素因の中に、かつて人類が氷河期の最初から終わりまで経験してきた段階への退行を認めるのである。その結果、当時のすべての人は、今日では一部の人だけがその遺伝的な素質と新たな獲得によってそうあるような状態にあったことになる。もちろん、このような描写は完全には一致しない。というのも、神経症は退行がもたらす以上のものを含んでいるからである。神経症はまた、このような退行に対する反抗の表現であり、原始時代の古いものと文化的な新しいものの要求との妥協物である。強迫神経症には、この違いが最も強く刻まれているに違いなく、他の神経症とは異なり、内的な対立関係にある、という特徴をもつ。しかしながら、抑圧されたものがその対立関係において勝利を収めているかぎり、神経症は原始時代の描写を復元するに違いないのである。

［1)］したがって、私たちの最初の説は次のようなものである。人間は突然始まった氷河期によって課された窮乏の影響によって、一般に不安を覚えるようになった。それまでは概して好意的で、あらゆる満足を与えてくれた外界が、度重なる脅威となる危険に変わった。新しいものすべてを前にして現実不安を持つ根拠は、すべて揃っていた。性的リビドーは、最初は確かにその対象が人間だったので対象を失うことはなかったが、その生存を脅かされた自我は、ある程度、対象備給から目を転じ、自我にリビドーを保存して、以前は対象リビドーだったものを現実不安に変えた、と考えることができるだろう。ところで、子供の不安に関して言えば、子供は対象リビドーが満たされない場合、それを見知らぬ人に対する現実不安に変え、また一般に新しいものすべてを前にして不安がる傾向がある。私たちは長いあいだ次の点について論争を重ねてきた。つまり、現実不安と切望の不安のどちらがより根源的なのか、あるいは子供がそのリビドーを不安に変えるのは、リビドーがあまりに大きくて危険だとみなし、一般に危険な表象となるためなのか、あるいはむしろ、子供は一般的な不安に屈していて、満たされないリビドーを前にした恐怖もその不安から知ることになるのか、

という点である。私たちは最初の説を認め、切望することの不安を前面に出したが、そのための特別な素因を見つけてはいなかった。これが子供たちの一般的傾向だ、と説明するほかなかったのである。その際、系統発生的な考察は、現実不安の側に有利に働くように、この論争に加担するように思われる。子供たちの一部は、氷河期の始まり以来、生まれ持っての不安を持ち合わせていて、その不安に促されて満足されないリビドーを外的な危機として扱う、と想定できるのである。しかし、リビドーの相対的な過剰が、この同じ不安傾向にその源を持ち、素因としての不安を新たに獲得する、ということもありうる。いずれにせよ、不安ヒステリーの議論は、系統発生的な素因が他のあらゆる要因に対して優位であることを支持するだろう。

2) この困難な時代の進展とともに、その生存を脅かされた原始人に自己保存と生殖欲望のあいだの葛藤が生じたに違いない。この葛藤は、大部分の典型的なヒステリー症例に出現する。食料は人間の群族を増やすには十分ではなく、各人の力では多くの寄る辺ない人々の生命を維持することはできなかった。新生児を殺すことは、確かに愛によって、とりわけナルシス的な母親の愛による抵抗に出会った。それで、生殖を制限することが社会的な義務になった。子供を産むことにつながらない倒錯的な満足はこの禁止を免れ、それは性器優位以前のリビドー的な段階へのある種の退行を促進した。この制限は、性交の結果をより気にしない男性よりも、女性に対してつらいことだったに違いない。その全体の状況は、転換ヒステリーが発生する条件に、はっきり対応している。人間がやむをえない困窮から生殖の禁止をみずからに課したとき、人間にはまだ言葉がなかった。したがって、無意識（Ubw）系の上に前意識（Vbw）系をまだ構築していなかった、と転換ヒステリーの症候群から結論を引き出すことができる。転換ヒステリーの素因がある人、とりわけ女性は、強く興奮している早期の印象が性器活動を活発にしているにもかかわらず、性器機能を働かないようにする禁止の影響のもとで、転換ヒステリーへと退行するのである。

3) その後の展開は容易に構想できる。それは主に男性に関わることである。男性がリビドーを節約することや、早期の段階への退行によって性活動を低く抑えることを学んだあとには、知性による活動が主役を獲得した。男性は敵意に満ちた世界をいくらか理解し、言葉を発明することで、この世界に対する最初の支配を確かなものにすることを学んだ。彼はエネルギーの影響を受けて成長し、言葉の始まりの段階を作り上げて、この新たな獲得物に大きな意味を認めたに違いなかった。言葉は彼にとって魔法であり、彼の思考は全能であるように思われ、彼はみずからの自我に従って世界を理解した。これがアニミズム的世界観とその呪術的な技術の時代である。多くの寄る辺なき者に生の保証を与えることができた力の報酬として、彼はこれらの者に対する無制限の支配をわがものにした。そして、彼自身は不可侵であること、そして彼が女性を自由に所有することに誰も異議を唱えてはならないこと、という二つを最初の命令として、みずからの人格によって示した。この時期の終わりに、人類は個々の群族に分かれ、それらの群族は強くて賢く残酷な父としての男によって支配されることになった。私たちは民族心理学的な考察に基づいて、人間群族の原父は利己的で嫉妬深く、情け容赦ない性質を持っていたと考えるが、それは最初からそうだったのではなく、厳しい氷河期のあいだに、困窮への適応の結果として作り上げられたのかもしれない。

ところで、人類のこの時期の性質を反復しているのは、強迫神経症である。強迫神経症は、反動形成という形でその回帰に対する反抗に対応しているため、この性質の一部は陰性の形で現れる。思考の過度の強化、強迫の中で反復される巨大なエネルギー、思考の全能性、確固とした法則を好むことなどは、変わることのない特徴である。しかし、愛情生活と入れ替わろうとするこの残酷な衝動に対して、その後の発達の抵抗が湧き起こる。その抵抗は、リビドーの葛藤ゆえに、ついには個人の生命エネルギーを動けなくしてしまい、ごく些細な事柄に置き換えられた衝動だけが強迫として生じ、存続することになる。このように、文化の発展にとって最も貴重な人物類型が（神経症という形で）[*9]回帰する時には、愛情生活の要求によって滅びてしまう。それは、のちに神として回帰した偉大な原父が、彼自身が作り出した家族関係によって現実に滅んでしまったのと同じである。

4) これまで私たちはフェレンツィによって準備された「神経症的な退行の諸類型を、人類の系統発生の諸段階と一致させる」[*10]という計画の実現に向けて議論を進めてきたが、おそらくあまりにも大胆な思弁に陥ることはなかったと思われる。しかし、他の神経症や、あとになって生じるナルシス的神経症を考えるための接点を私たちは持っていないので、その発展が人間の文化の新たな段階をもたらした第二世代によって、これらの神経症に対する素因が獲得された、という仮説に助けを求めるしかないだろう。

この第二世代は、嫉妬深い原父が自由を与えなかった息子たちに始まる。私たちは、別のところで（『トーテムとタブー』）、息子たちが思春期の歳になると、原父は彼らを追い出すと考えた。しかし、ΨA（精神分析）の経験は、それに代わって、別のもっと残酷な解決を思い起こさせる。つまり、原父は息子たちの男性性を奪い取り、それによって息子たちは無害で補助的な働き手として群族のもとにとどまることができたのである。私たちは、この原初の時代の去勢の効果を、おそらくリビドーの消滅と個人の発達の停滞として思い浮かべることができるだろう。早発性痴呆はこのような状態を反復しているように思われる。早発性痴呆は、とりわけ破瓜病という形で、あらゆる愛情対象の放棄、いっさいの昇華の後退、自体愛への回帰に至る。青少年の患者は、あたかも去勢をこうむったかのようにふるまう。そして、実際に自己去勢がなされることもめずらしくはない。他に病気を特徴づけるものとして言語変容と幻覚の激発があるが、それらを系統発生的な一覧に加えてはならない。というのも、それらは治癒の試み、つまり対象を再度取り戻そうとする多様な努力であり、病像においていて、ある時期には、たいていの場合、退化現象より目を引くからである。

息子たちがこのように扱われたとする仮説と関わる問いに、ついでながら答えておくべきだろう。原父たちがこのようなやり方で息子たちを厄介払いしたのなら、後継者や代替となる者はどこから来るのだろうか。アトキンソン[*11]が、次のことを強調して、その手がかりを与えている。つまり、年長の息子たちは父からのひどい迫害を恐れなくてはならなかったが、末っ子は――図式的に考えるなら――母親のとりなしのおかげで、そして何よりも老齢の父が助けを必要としたために、そのような運命から逃れ、父の後継者となる見込みを得たのである。このような末っ子の特権は、すぐ次の社会構成では徹底的に取り除かれ、長男の特権に取り替えられた。しかし、この末っ子の特権は、神話やおとぎ話の中に、すぐそれと分かる形で残されている。

5) このあとの変化は、次のようなことでしかありえないだろう。つまり、脅かされた息子たちは、逃亡して去勢を免れ、互いに結束して生の戦いを引き受けることを学んだのである。この共同生活は社会的感情を成熟させたに違いなく、またそれは同性愛的な性的満足の上に築き上げられていたのかもしれない。そのような状態の段階が遺伝することの中に、長く探究されてきた同性愛の遺伝的素因を発見することもありうるだろう。この時期に生じ、同性愛から昇華された社会的感情が、人類の永続的な所有物となり、のちのあらゆる社会の土台になったのである。この状態の段階をパラノイアは明確に再現している。より正確に言えば、パラノイアは、この段階の回帰に対してみずからを防衛しており、パラノイアでは秘密の同盟が必ず出現して、迫害者が大きな役割を演じている。パラノイアはかつて兄弟連合の土台をなしていた同性愛を拒絶する試みであり、その際には同性愛に関わる者を社会から追い出して、社会的昇華を破壊せざるをえなくなる。

6) この関連の中にメランコリーとマニーを組み入れるようとすると、次のような難点に突きあたるように思える。すなわち、これらの精神疾患は、ある個人に出現する正常な時期を確実に述べることができないのである。しかし、確かなのは、その時期が子供時代ではなく壮年期だということである。抑鬱状態と高揚した気分の特徴的な交替を考慮に入れるなら、宗教的な祭典で規則的に出現する勝利の喜びと喪の悲しみの類似した交替を想起せずにはいられない。神の死についての喪の悲しみと、その復活に対する勝利の喜びである。しかし、このような宗教的な儀式は、私たちが民族心理学の報告から推測したように、原父を打ち倒して殺害したあとの兄弟集団の一員の態度を、ただ逆方向に反復しているのである。つまり、父の死に対する勝利の喜びと、そして息子たちは皆、父を模範として尊敬していたので、父の死について喪の悲しみが生じるのである。このように、原始群族を終わらせ、兄弟連合の勝利がその代わりを占めるという、この人類史上の大きな出来事は、独特な気分の継起をなす疾患の素因を与えたことになる。私たちは、パラフレニーと並んで、この疾患を特別なナルシス的疾患として認めている。原父に対する喪の悲しみは、原父への同一化に起因している。私たちは、この同一化がメランコリーを引き起こす条件であることを示した。

要約すれば、次のように言うことができるだろう。三つの転移神経症に対する素因が氷河期の困窮との戦いの中で獲得されたとすれば、ナルシス的神経症の基礎になっている固着は、父による圧迫に由来している。その父は、氷河期の経過のあと、いわば第二世代に対して、そのような役割を引き受けて、それを続けた。最初の戦いが家父長制的な文化の段階をもたらしたように、第二の戦いは社会的な段階に導いた。そして、この二つの戦いから固着が生じ、数千年後にその固着が回帰して、神経症の二つのグループの素因になった。したがって、この意味でもまた、神経症は文化的な獲得物なのである。ここで構想された類似関係が遊び半分の比較以上のものなのか、それがまだ解決されていない神経症の謎をどこまで解明してくれるのかについては、当然、さらなる探究と、新たな経験がもたらす解明に委ねるのがいいだろう。*12

今や、一連の反論について考える時である。それらは、私たちが遡行することによって到達した結果を過大に見積もってはならない、と警告している。まず、第二番目の素因群、つまり第二世代の素因群は（息子として）男性だけが獲得しえたものだが、早発性痴呆、パラノイア、メランコリーは女性にも同じように生じるではないか、という反論が誰にも否応なく浮かんでくるだろう。太古の女性は今日よりもっとさまざまな条件のもとで生きていた。それゆえ、この素因群には、第一の素因群にはない一つの困難がつきまとっている。つまり、それらは遺伝を排除するという条件のもとで獲得されたように見えるのである。去勢されて怯えている息子たちが、生殖を行うことができず、したがって彼らの素因を残すことができなかったのは明白である（早発性痴呆）。しかしまた、追放され、同性愛で結ばれた息子たちのΨ（精神）状態が次の世代に影響を与えるというのも、ありえないことだろう。というのも、彼らが父に対して勝利を収めないかぎり、彼らは一族の不毛な傍系として消え去ってしまうからである。そして、もし彼らが勝利に至ったとしても、それは一世代の経験であり、それが無限に繰り返される必然性を認めるわけにはいかないだろう。

どう考えるにせよ、このようにはっきりしない領域では、窮地を逃れる方策に困ることはない。この困難は、結局のところ、氷河期の残忍な父は神の複製のように不死身ではなかったのに、どのようにして生き残り続けたのか、という先に提起した別の困難と重なる。改めて、末っ子が父になる可能性が考えられる。末っ子は、確かにみずからは去勢されないが、兄たちの運命を知っていて、みずからにもそれが及ぶのを恐れ、兄たちの中でより運がよかった者のように逃げて女性を断念する誘惑に迫られたに違いない。このように、生殖能力がないものとして滅びていく男たちとは別に、男性という性の運命をみずから耐え抜き、素因として遺伝的に残すことができる男たちの系譜が常に残っている。末っ子にとっても、時代の困窮が父の圧制によって置き換えられる、という本質的な観点は残ったままである。

父に対する勝利は、それが実現される前に、数えきれないほどの世代を通じて計画され、空想されたに違いない。父の圧制によって生み出された素因が女性にも伝播することについては、それ自体が私たちにいっそう大きな困難をもたらすように思われる。この太古の女性の運命は、際立った暗闇で私たちには隠されている。それゆえ、私たちが知らない生活状況が問題になるのかもしれない。しかし、人間の両性性を忘れてはならない、という注意に従うなら、私たちはひどい困難に陥ることはないだろう。このように、女性は男性によって獲得された素因を受け取り、みずからもそれを発現させることができるのである。

しかしながら、私たちはこのような窮地を逃れる方策によって、結局のところ私たちの科学的な空想は馬鹿げたものだ、という非難から逃れたにすぎないことは明らかにしておこう。ひょっとすると、私たちは系統発生的な素因を他のすべての素因の上に置こうとしている最中だったかもしれないのだから、全体としては、この窮地を逃れる方策は頭を冷やすための有益な忠告として価値を持っている。したがって、おそらく法則的に、一定の割合で太古の体質が新たな個人の中に回帰し、現在の要求とのあいだに葛藤が生じて、彼らが神経症に追い込まれる、というわけではない。私たちが知らない新たな獲得物や影響を考慮する余地がある。全体として、私たちはこの系統発生的な要因についての理解を終えたのではなく、その始まりにいるのである。

訳注

＊1　この草稿は、フロイト研究者としても著名な分析家のイルゼ・グループリヒ＝ジミティスが一九八三

年にロンドンで、シャーンドル・フェレンツィがマイケル・バリントに預けた書類の中から発見したものである。これはフェレンツィ宛の一九一五年七月二八日の手紙に添付されたもので、その内容からフロイトの『メタサイコロジー序説』の一二番目の論考（草稿）であることが判明している。

＊2　フロイトが「無意識」論文で定めた表記法に従うなら、この文の原文の「ubw」と「vbw」は、「Ubw」と「Vbw」と表記すべきであり、訳文では改めた。

＊3　この草稿の後半で扱われるナルシス的神経症を指す。

＊4　この節の最初に置かれた命題「抑圧された欲動の動きは、いつもリビドー的で、性生活の一部である」を指す。

＊5　「f)」にはタイトルがないが、最初の「準備的考察」で予告しているように、素因についての考察である。この節は、「a)」から「e)」とは違い、六つの項に分けられ、系統発生的な議論が展開されている。

＊6　ここまでがこの草稿の前半であり、三つの神経症の類型（不安ヒステリー、転換ヒステリー、強迫神経症）が六つの要因（抑圧、対抗備給、代替・症状形成、性機能との関係、退行、素因）から比較検討されている。この先の後半では、ナルシス的神経症を含めた全精神疾患が系統発生的な観点から論じられることになる。

＊7　シャーンドル・フェレンツィ「現実感覚の発達段階」、『国際医学的精神分析雑誌』第一巻、一九一三年、一二四―一三八頁。

＊8　フリッツ・ヴィッテルス『愛についてのすべて――原始世界の詩作品』ベルリン、一九一二年。

＊9　イルゼ・グループリヒ＝ジミティスは、文意を明確にするために括弧内の補足を加えている。

＊10　フェレンツィ、前掲論文、一六一頁。

＊11　ジェームズ・J・アトキンソン『原始法』ロンドン、一九〇三年。

＊12　（GWの注）手書きの草稿には、ここにフロイトが原稿の終わりにつける長い水平の線が引かれている。

これ以降の文章は、一九一五年七月二四日のフェレンツィからの手紙に対する返答として、のちに書き加えられたものである。フロイトの「神経症的な退行の諸類型を人類の系統発生の諸段階と一致させる」計画について、フェレンツィは、「不安神経症とヒステリー、強迫神経症に関する記述は明快」と評価しつつも、次のような反論を加えている。「早発性痴呆と去勢段階の類比だけは、私には納得できません。去勢された者は生殖を行うことができず、彼らの状態を系統発生的に位置づけることはできなくなります。あなたは去勢不安の固着を考えておられるのだと思います。もちろん追放された息子たちは、母を失うことでまったく途方に暮れてしまい、ナルシシズムへの退行を引き起こすことは考えられるでしょう。しかし、どのようにして去勢段階までもが系統発生的に固着したのか、ということは疑問です。また同様に、同性愛についても、何人かの同性愛者は両性愛者であり続け、生殖を行うことができたと考えないなら、同性愛の固着は謎になります。これらの段階のそれぞれが、その時代の支配的傾向を気にかけることのない何人かの「犯罪者」（エディプス、サビニ人女性の強奪）を生み出し［訳注——サビニ人女性の強奪は、古代ローマの伝説。古代ローマでは、女性の数が少なく、子孫が途絶え、国家が滅亡する危機に常に瀕していたが、建国者のロムルスは、隣国のサビニ人を襲撃し、多くの未婚女性を略奪することによって解決をはかった］、女性（母親）とふつうに性交したということでもないかぎり、ですが」。

訳者解説

ジークムント・フロイト（一八五六―一九三九年）は、第一次大戦中の一九一五年三月一五日から五月四日までの七週間に「メタサイコロジー論文」と呼ばれる五つの論考を書いている。三ヵ月後の八月九日にはさらに七つの論文を書き上げ、合計して一二の論文を『メタサイコロジー序説』（以下、『メタサイコロジー論』と表記）という題で一冊の本として出版する予定であった。しかし、最初の五つの論文は『国際精神分析雑誌』に発表されたものの、残りの七つの論文は、七月三〇日にルー・アンドレアス＝ザロメに宛てて「すでに書き終え、あとは手を入れるばかりです」という手紙が送られたあとも発表されることなく、結局フロイト自身によって破棄されてしまった。当時フロイトがカール・アブラハム、シャーンドル・フェレンツィ、アーネスト・ジョーンズに宛てた手紙の内容から、ジェームズ・ストレイチーは未発表の論考のタイトルを「意識」、「不安」、「転換ヒステリー」、「強迫神経症」、「投影」、「昇華」、「転移神経症概要」と推測している。この中で、偶然にも最後の論文である「転移神経症概要」は、一九八三年にマイケル・バリントに委ねられたフェレンツィの膨大な書類の中から発見され、一九八五年に公表された。本書は、この最後の論文（草稿）も含めた、現存する六つの『メタサイコロジー論』の新訳である。

＊

戦時下の不安と孤独の中でフロイトが熱に浮かされるようにして書き上げたこの論集を、アーネスト・ジョーンズは「これらの論文がかくも短期間で書かれたことは、科学上の創造の歴史において稀有である」と評し、フロイトの全著作の中でも「最も深遠で重要な著作」と位置づけた。フロイトにはこの論集以外にもいくつかのメタサイコロジー論文があるが、初期のものが生物学的（神経学的）観点を、後期のものが思弁的（哲学的）観点を前景に押し出しているのに対して、この一九一五年の論集は明確な一線を画している。それを一言で言うなら、この論集は「ドーラ」、「ハンス」、「鼠男」、「狼男」らとの臨床経験を通じて、精神分析家としてみずからを確立したフロイトが、精神分析独自の方法論的意識を持って包括的な理論構築を試みた、その出発点を示す「書物」なのである。この論集を起点にして現代の精神分析のさまざまな展開がなされていることからも分かるように、これはフロイトの臨床的思考の可能性が最もつまった論集であり、今日の私たちにとってもいまだに刺激的であり続ける「書物」だと言えるだろう。

この論集は一冊の本としてまとまって訳されたことはないが、その主論文は『フロイド選集』（日本教文社）、『フロイト著作集』（人文書院）、『フロイト自我論集』（ちくま学芸文庫）、『フロイト全集』（岩波書店）などで、すでに何度か翻訳されている。これらの翻訳はそれぞれに優れた点があるが、いずれも論集の各論文が独立して訳され、他の諸論考のあいだに置かれているため、この論集自体が持つ独自の意味を読み取るのは難しい。この論集は、フロイトの新たな始まりの「書物」として、全体が明瞭な意図と論理構造をそなえたものであり、この論集を一冊の本として訳し直し、より広い読者に届けることは、現代の精神分析の土台を考え直す上で、きわめて重要な意味をもつのではないか――一分析家である訳者の初発の動機は、そのようなものだった。読者にフロイトの思考の流れをじっくり味わってもらうためにも、訳文は正確であることを前提としつつ、リーダブルであることを心がけた。

この「訳者解説」では、本書を読む際の導きとして、この論集が執筆される「前夜」の状況と動機、この論集がフロイトの著作の中で占める位置と各論考の内的関連、そしてこの論集以降にフロイトがたどった歩みを簡単に概観しておくことにする。

＊

フロイトは、一九一三年七月七日にフェレンツィに宛てた手紙で「私はこれまでに何度か脱皮を重ねてきました。それが七年ごとに起こっているのは周知のとおりです」と書いている。フロイトの思考の流れを追っていくと、確かに約七年ごとに、それまで行ってきた仕事を放棄して、新たな自分の仕事を再開しようという意欲が生じている。切断と再開はフロイトが一生にわたって繰り返した行為であり、そのたびごとに彼の理論にはまさに「脱皮」と形容するにふさわしい変貌が生じている。そして、彼はこの手紙の最後に「私の優れた研究と言えるものは、まさに七年ごとにやって来ます。そして、今は低迷期にあり、一九一八、一九一九年以前には大きなものを望むことはできません」と、現在の仕事の停滞ぶりと新たな出発への期待を述べている。そして、実際、一九一九年には「心躍るような新たな意欲を持って始めた思考の歩み」とのちに語られることになる『快原理の彼岸』の草案が書き始められることになる。

この手紙の中でフロイトが七年ごとに訪れる「優れた研究」として挙げているのは、『失語症の理解にむけて』(以下、『失語症論』と表記)、『夢解釈』、『機知――その無意識との関係』、『性理論のための三篇』(以下、『性理論三篇』と表記)、『トーテムとタブー』といった完成された総括的な書物である(出版された年は、一八九一年、一九〇〇年、一九〇五年、一九一三年と厳密に七年ごとではない)。しかし、改めて現在の時点から未完成に終わった原稿も含めてフロイトの新たな開始の意欲が示された書物を挙げるなら、「心理学草案」(一八九五年)、『夢解釈』(一九〇〇年)、『性理論三篇』(一九〇五年)、『トーテムとタブー』(一九一三年)、そして「ナルシシズムの導入にむけて」(一九一三年)(以下、「ナルシシズム論」と表記)に続く、この『メタサイコロジー論』を挙げることができる。したがって、一九一三年頃に起きた「脱皮」は、『トーテムとタブー』で終結したのではなく、その後、少なくとも二年間は断続的に継続し、『メタサイコロジー論』を書くことによって、そこで生じた理論上の混乱の収束が宣言された、と考えるのが正確である。では、この一九一三年の混乱は、どのような問題をめぐって起こり、『メタサイコロジー論』の執筆に至ったのか。まずはその経緯を追っていくことにしよう。

フロイトの一九一〇年代はじめの仕事は、精神分析理論の拡張に向けられている。一つは「レオナルド・ダ・ヴィンチの幼年期の想い出」（以下、「ダ・ヴィンチ論」と表記）、『トーテムとタブー』などに代表される精神分析の病跡学、人類学への応用である。もう一つは、オイゲン・ブロイラー、カール・グスタフ・ユングとの交流、さらには「自伝的に記述されたパラノイアの一症例に関する精神分析的考察」（以下、「シュレーバー論」と表記）を執筆することによって本格化するナルシス的神経症（精神病）論の構想である。この二つの方向への拡張で鍵となるのは「ナルシシズム」という概念であった。「ダ・ヴィンチ論」では、ダ・ヴィンチの同性愛的対象選択がナルシシズムとの関連で解明され、『トーテムとタブー』では、思考の万能というアニミズム的原理を、一度対象に向けられたリビドーが思考過程に再備給され、現実知覚よりも過大評価された事態として論じている。一方、ナルシス的神経症論では、その病理の核心を「対象から自我に向けてリビドーが撤収されている状態」と捉え、構想を組み立てている。

「ナルシシズム」は「肥大した自尊心」という心理学化された意味が付加されたために、いまだに誤解を引き起こしている概念だが、フロイトにとっては「性的な量であるリビドーが自我に撤収される事態」、つまり「自我リビドーの鬱積」状態（経済論的には、これは不快を意味する）を意味していたことに注目しておきたい。このナルシシズム概念を転移神経症理論と接続させることによって、彼は統合失調症、パラノイア、メランコリーといったナルシス的神経症をはじめ、器質的精神障碍、心気症、性倒錯まで、ほぼすべての精神疾患の病理を解明できると考えたのである。「ダ・ヴィンチ論」や「シュレーバー論」で導入したナルシシズム概念をいっそう厳密に定義するために、フロイトは先に見たフェレンツィ宛の手紙の二ヵ月後に「ナルシシズム論」を書き始めるが、この執筆は最初考えていたよりもはるかに難航する。そして、「難産のオンパレード」と彼自身が呼ぶこの論考を半年かけて脱稿したが、「何か決定的に欠けたものがあり、満足できない」と不満をこぼしている。

「ナルシシズム論」がフロイトの第一欲動論、すなわち性欲動と自我欲動の区別を破棄する契機となった論考であることは、よく知られている。第一欲動論の矛盾は、例えばナルシス的神経症のメカニズムを検討する際にもあらわになる。ナルシス的神経症の病理を「対象から自我に向けてリビドーが撤収されている状態」と考えるなら、自我に再備給されたリビドー（性欲動）は自我欲動と区別できなくなる。この点について、フロイトは、ナルシシズム状態では二つの欲動は一体化しているが、対象備給が生じる段になって性欲動と自我欲動の区別が成立する、と理論を組み直している。しかし、仮にそう推量したとしても、今度は最初の「一体化した」欲動とは何かが問題となる。そもそも、欲動を性欲動と自我欲動に区分する明確な根拠などあるのだろうか、とフロイト自身が疑問を投げかけたのである。

フロイトが不満を漏らしたのは、みずからの欲動の二元論が破綻をきたしている点ではなく、欲動という精神分析の根幹をなす概念でさえ明瞭な輪郭と実体を仮定できないことに対してである。精神分析理論がこのような曖昧な用語に基づいて組み立てられているのなら、そこに看過できない恣意性が入り込むことは避け難いだろう。フロイトは、この論考の中で、現時点では「欲動」という概念はとりあえず生物学に依拠せざるをえないと認めた上で、「欲動に関するもっと別の前提が、より有用性の高い前提として精神分析的研究から上がってきたなら、これまでの仮説をいっさい放棄してもいい」とまで書いている。彼を困惑させたこの「ナルシシズム論」を脱稿したあと一年少し経って書き始められた『メタサイコロジー論』は、まさに「欲動」をはじめとする精神分析の根本概念を新たな「前提」のもとで基礎づける試みだったのである。

では、『メタサイコロジー論』の土台となる「前提」とは、どのようなものだろうか。「欲動と欲動の運命」の冒頭は、その方法論を提唱した重要なパラグラフなので、少し長くなるが全文引用しておく。

> 私たちは、科学は明確で緻密に定義された根本概念の上に構築されるべきだ、という主張をしばしば耳にしてきた。しかし、実際には、いかなる科学も、最も厳密な科学でさえ、そのような定義によって始まったことはない。科学的作業の本当の始まりは、むしろ現象の記述にあり、そののちに、現象を分類し、配置し、相互に関係づけるのである。すでにこの記述の段階において、素材に一種の抽象的な観念をあてはめることは避け難い。この抽象的な観念は、新しい経験だけから導かれたものではなく、経験の外部から持ち込まれたものである。素材をさらに加工していく際に、抽象的な観念はますま

す不可欠なものとなり、それがのちに科学の基本概念となる。このような観念は最初はある程度の不確定さを持つものであり、その内容を明確に描き出すことは不可能である。観念がこのような状態にあるかぎり、経験素材を繰り返し参照することによって、これらの観念の意味については合意が成り立つ。これらの観念は一見、経験素材から取り出されたかのように見える。しかし、実のところ、経験素材のほうが抽象観念に基づいているのである。したがって、厳密に言えば、これらの観念は約束事の性質を持っている。その際に重要なのは、それが恣意的に選ばれたのではなく、経験素材との有意味な関係によって決定されているかどうか、ということである。しかも、この経験素材との関係は、私たちがすでにそれを認識し、証明できているわけではなく、ただ推測しているだけなのである。問題になっている現象領域を綿密に研究したあとになって初めて、その科学的基礎概念をより鮮明に把握できるようになり、さらにそれに徐々に変更を加えることによって、広範域に使用可能で、その上まったく矛盾のない概念になる。科学的基礎概念を定義の中に収めることができるのは、この段階に来た時である。もちろん、認識は進歩するものであり、定義は硬直化してはならない。物理学の輝かしい例が示しているように、定義が確定した「基礎概念」も絶えずその内容の変化をこうむっている。(強調引用者)

ここで提示されている方法は、精神分析概念の固有性を明確に示している。フロイトは初期のメタサイコロジー論文、例えば「心理学草案」では、その記述の背景に常に神経学的な実体を想定していた。しかし、ここではもはやそのような方法は放棄されている。最初にあるのは臨床経験の記述であり、それを相互に関係づけながら概念を構築しているのである。だが、新しい経験を記述する際に適切な概念の持ち合わせがない場合は、生物学や哲学のような臨床経験の外部から抽象的な観念を借りてくるほかない。そうして、この抽象的な観念によってさらに記述を進めるわけだが、このプロセスを考える上で重要なのは、その観念自体は臨床経験の外部に位置しているのではなく、経験の内部を規定し、もはや経験と不可分なものになっている、という事実である。フロイトが「経験素材のほうが抽象観念に基づいている」と言うのは、そういう意味である。このように一種の「約束事」として選ばれた観念が、臨床事実との有意味な関係の中で決定され、より広範な臨床的現象を矛盾なく説明できるようになったとき、それは精神分析を基礎づける「基本概念」になる。

このように、精神分析の土台を実体的なものから切り離して臨床経験と観念の相互関係から生じた「基本概念」に置くとき、フロイトは初期のメタサイコロジーからの決定的な切断を行っている。この「基本概念」は、その根底に何らかの神経学的（生物学的）実体を持っていない。それは精神分析の臨床と絶えず参照関係を持ち、その経験との関係において、みずからを規定し、さらなる概念の形成を可能にしている。一九一五年の『メタサイコロジー論』はこのような基礎づけのもとに構築されているが、それはフロイトがこの時期に精神分析家としてみずからを確立したことと密接に結びついている。フロイトがいつ、今日的な意味で精神分析家になったのかといえば、ヴィルヘルム・フリースを介した自己分析のあとで も、『夢解釈』でみずからの理論を形成した時でもない。それは、一九一〇年代の前半から後半にかけて、すなわち「五大症例」をはじめ、数多くの患者とのあいだで営まれた経験によって臨床家として成熟し、日々の大部分を分析作業と分析技法の吟味に費やし、理論化の作業を行っていた頃（彼の技法論はほぼこの時期に集中して書かれている）である。とすれば、この『メタサイコロジー論』はフロイトが最も精神分析の臨床に沈潜していた時期に、戦争で生じた空白の期間を使って書かれた一つのマニフェストとも読める。

『メタサイコロジー論』は、五年後に『快原理の彼岸』を皮切りにフロイトが経験から飛翔して「思弁」に向かった後期のメタサイコロジーとも断絶をなしている（後期のメタサイコロジーと一口に言っても、『自我とエス』、『制止、症状、不安』は一九一五年のメタサイコロジーの延長線上にあると考えるべきである）。「死の欲動」という概念を中心にして展開される後期のメタサイコロジーは、一九一五年の『メタサイコロジー論』とは異なる豊かな可能性を内包しており、これまでにもさまざまな観点から論じられてきた。しかし、後期のメタサイコロジーに対する関心が高まるにつれて、一九一五年の『メタサイコロジー論』の独自な位置を私たちは見失ってしまっているように思える。ジョーンズの言葉を引き合いに出すまでもなく、この『メタサイコロジー論』はフロイトの最も重要な著作の一つであり、現代の精神分析の大きな源泉となっている。対象関係論の発端となったのは、『メタサイコロジー論』の中の「喪とメランコリー」であり、またジャック・ラカンが国際精神分析協会から破門されて最初に行ったセミネール（『精神分析の四基本概念』）で徹底的な再読を行ったのは「欲動と欲動の運命」であった。ウィルフレッド・ビオンがみずからの理論の源泉として常に参照したのも、この時期のメタサイコロジーである。今日においてもなお、私たちは一九一五年の『メタサイコロジー論』が持つ豊饒な可能性を十分に汲み尽くしてはいないと言えるだろう。

＊

『メタサイコロジー論』は、本書での配列順に、各論文が数週間単位のリズムで書き継がれている。そして、最初にも述べたように、「喪とメランコリー」を最後にして、以降の論文は未発表のまま、この一連の試みは「転移神経症概要」で打ち切られている。この未完の書物は、建築物の素材が基礎の部分から順に積み上げられていくかのように、相互の論文は緊密な内的関係を持ち、全体が論理的で美しい構成をなしている。ここでは、フロイトが臨床経験の傍らで紡ぎ出した思考の流れを把握するための補助となるように、全体の構成と各論文の主題について、訳者が重要だと思う箇所を中心に、訳者の見解をも付け加えながら概説しておく。

I

第一論文「欲動と欲動の運命（Triebe und Triebschicksale）」では、最初に『メタサイコロジー論』の中心概念である「欲動」が論じられる。フロイトが初期の「心理学草案」で、有機体が処理しなくてはならない刺激には外部刺激と内部刺激の二種類がある、と述べたとき、すでに内部刺激としての欲動が想定されていた。『性理論三篇』でこの概念を本格的に導入したものの、「欲動という神話学」（『続・精神分析入門講義』）の基礎づけについて、フロイトは長いあいだ扱いかねていた。しかし、精神分析の臨床が、私たちの生を規定している欲動のあり方を言葉によってどう変えるかを問う実践だとすれば、「欲動」こそが精神分析の理論と臨床において根幹をなす概念ではないだろうか。精神分析理論の概念の曖昧さに不満を感じていたフロイトにとって、まずはこの概念を可能なかぎり厳密に定義することが緊急の課題であった。この論文は、先にも述べた方法で「欲動」という概念の基礎づけを行うことから議論が始まる。新たなメタサイコロジーの始まりとなるこの論考は、『メタサイコロジー論』の中核となる位置を占めている。

　フロイトは、生理学の知識を援用しつつ、欲動概念の輪郭を形作っていく。欲動は外部刺激とは異なり、身体内部からの恒常的な刺激であるために、私たちは欲動から逃避という形で逃れることができない。この欲動の働きが私たちの「内部」と「外部」という区別を生み出し、神経系を無限に複雑な形に進化させる原動力となった。さらに、フロイトは欲動を、衝迫、目標、対象、源泉という四つの観点から特徴づける。ここで重要なのは、欲動は常に能動的であり、満足を目指すということである。その際、対象は欲動と本来的に結びついているのではなく、可塑的で、状況に応じては、どのような対象にも欲動は満足を見出す。この可塑性こそが欲動の本質であり、逆に対象と欲動の結びつきが強い場合は「固着」という病理を生み出してしまう。

　次にフロイトは欲動の種類の議論に向かい、転移神経症の分析経験から、自我欲動と性欲動という二つの欲動を原欲動として取り出す。性欲動の一般的特徴として、彼は次のようなきわめて重要な指摘を行っている。性欲動は最初、自我欲動に寄りかかる（依託する）形で出現し、発達とともに自我欲動から離れていく。「しかしながら、［性欲動は］対象の発見の過程に際しては、自我欲動が指し示す道筋をたどる。性欲動の一部は、一生のあいだ自我欲動と結合したままであり、自我欲動にリビドー的成分を提供する」。フロイトは「依託」という発想をすでに『性理論三篇』で導入していたが、「ナルシシズム論」が引き起こした自我欲動と性欲動の区分の混乱を収拾し、両者の関係を再定義するために、この発想をあらためて強調している。しかし、転移神経症の分析経験で満足できる情報を得ることができたのは性欲動に限られているという理由から、自我欲動についてはいったん保留とし、性欲動に限定して議論を進めていく。

　性欲動は自我欲動と異なり、相互に大規模に入れ替わりながら出現し、対象を大幅に取り替える。性欲動の目標は、生殖行為にあるのではなく、他の欲動と同様に満足にあり、その著しい可塑性から複数の運命を持つことになる。フロイトが挙げる欲動の運命は四つあるが、抑圧と昇華については別の論考で論じる、と前置きをした上で、「対立物への反転」（これは「能動性から受動性への転換」と「内容の反転」の二つを含む）、「自分自身への方向転換」という、リビドー備給が自己へと向かうナルシス的な欲動の運命のみを扱う。ここでフロイトが扱う病理は、サディズム－マゾヒズムと窃視症－露出症という二つの倒錯である。これらをフロイトは対をなす二つの倒錯と考えるが、その形成のメカニズムを考える際、彼は倒錯者の臨床的観察から、自己へと回帰する欲動の文法を推論している。サディズム－マゾヒズムの対立では、それは次の a) から c) の形をとる（窃視症－露出症の対立の場合は、a) の前段階として、視る欲動が自分の身体を視るというナルシス的段階を持つが、それ以外は同じ形をとる）。

a) サディズムは、対象としての他人に対する暴力や力の行使である。

b) この対象が放棄され、自分自身に置き換えられる。自分自身への方向転換によって、能動的な欲動目標は受動的な欲動目標に変換される。

c) 新たにある他者が対象として探し出され、その人物が、目標変換が生じたことによって、主体の役割を引き受けざるをえなくなる。

一九一五年のフロイトにとって、マゾヒズムはサディズムの「自分自身への方向転換」によって二次的に生じるものでしかなかった。彼はのちにこの考えを修正し、「自分自身への方向転換」ではないマゾヒズムについて論じることになるが、この『メタサイコロジー論』では、彼は欲動の動きをもっぱら、(a)能動態、(b)中動態、(c)受動態といった文法構造に基づいて整理している（このような発想はパラノイアの投影メカニズムを考える際にも用いられている）。フロイトは、例えば強迫神経症者に見られる自罰はサディズム的攻撃性が内向したもの（b）にすぎないとして、マゾヒズムとはみなさない。マゾヒズムは、マゾヒスト的「主体化」が確立した時に（c）、初めて生成するのである。

ところで、このサディズム‐マゾヒズムの対立は、「痛み」という経験を考える上で恰好の臨床的素材になる（「痛み」は「心理学草案」から『制止、症状、不安』に至るまで、フロイトのメタサイコロジー的関心を引いたテーマである）。フロイトははっきりと、痛みは欲動の一次的な目標行動にはならない、と述べている。しかし、痛みは他の不快な感覚と同じく、性的な興奮に波及すれば快に満ちた状況を生み出し、その状況のためなら自我は痛みの不快も甘受するだろう、と付け加えている。ここには、フロイトがのちに「マゾヒズムの経済論的問題」（一九二四年）で論じることになる、痛みという不快の感覚が快原理の法則を逸脱し、快原理の彼岸で性的興奮を二次的作用として生み出す「リビドー的な共興奮（Miterregung）」という発想の萌芽をはっきりと読み取ることができる。

「内容の反転」でフロイトが挙げる例は、愛と憎しみの対立である。分析経験が転移という愛の関係に基づいているのなら、この二つの感情と欲動の関係を明確にしておくことは臨床的にも重要な課題となる。フロイトは、愛と憎しみが共通の起源から分裂して生じたのではなく、異なる起源から独自の発展をたどり、快不快の関係に基づいて対立物として形成された、と考える。そして、欲動と緊密な関係を持つ、この二つの感情を、愛する－憎む、愛する－愛される、愛する（憎む）－無関心という三つの対立を一つの軸として、また心的生活の三つの対極性である主体（自我）－対象（外界）、快－不快、能動的－受動的をもう一つの軸として、立体的に説明する。このくだりは、愛と憎しみが織りなすさまざまなプリズムの様相を浮き彫りにしていて、『メタサイコロジー論』の中でも最も美しい箇所である。

II

第二論文「抑圧（Die Verdrängung）」では、欲動がたどる運命の一つとしての抑圧というメカニズムが論じられる。フロイトは、抑圧という防衛メカニズムを一八九〇年代から繰り返し検討し、転移神経症の病理や無意識、抵抗など、精神分析で中心となる構想を抑圧との関係から引き出している。抑圧は、初期においては、不快な表象を意識から遮断し、それを無意識に追いやること、と定義されていた。しかし、この論考では「欲動と欲動の運命」で定義した欲動に基づいて、抑圧という事態をいっそう厳密に概念化することが試みられている。ここでは、欲動の満足はいつも快に満ちたものであるはずなのに、どのような状況において満足の快が不快として経験されるのか、という疑問が提起される。

　この疑問に対して、フロイトはいくつかの論点からアプローチしている。「欲動と欲動の運命」で言及されていたように、性欲動は自我欲動に依託しつつ、発達とともに自我欲動から離れていく。この二つの欲動の一部が分離して対立関係を生み出すなら、性欲動の満足（快）は自我欲動にとっての不快となり、性欲動は抑圧されることになる。この場合、性欲動と自我欲動が分離して対立関係が生まれることが、抑圧が働く条件となる。また、フロイトは、抑圧が働くのは、欲動がある場所では快を、別の場所では不快を引き起こす場合である、とも述べている。この考えは、のちに心的装置を複数の場所に分けるという「第二局所論」の先触れになっている。つまり、この疑問は、のちの『自我とエス』（一九二三年）では、「エス」にとっての快が「自我」にとっての不快になる、という形で解決されるのである。

　次にフロイトは、欲動と無意識のあいだにはどのような関係があるのか、という点を抑圧というメカニズムを媒介にして論じる。これは第三論文「無意識」の準備的考察であり、フロイトは慎重な手つきで両者の関係を解明していく。欲動は無意識と直接的な関係を持たない。欲動は、欲動の代理となる表象を介することによってのみ、無意識と関係する。この過程をフロイトは二段階に区別する。はじめに欲動があり、欲動は表象代理を介して心的なものと関わろうとするが、この最初の表象代理は「意識に入り込むことを拒否される」。これが原抑圧であり、意識に入り込むことを拒否された表象代理（最初の無意識の表象）は、不変のまま存続し、この表象と連合関係をなす思考の系列に対して牽引力を行使して、無意識という系（システム）が形成される。抑圧の第二段階が「本来の抑圧」（「あとからの抑圧」）であり、抑圧は最初の無意識の表象と連合関係にある表象に向けられ、「これらの表象群は原抑圧を受けたものと同じ運命をたどる」。原抑圧については、フロイトはのちに『制止、症状、不安』（一九二六年）で「過度に強い興奮によって刺激保護が破綻するという量的な契機が原抑圧の誘因である」という理論仮説を立てているが、この論考では抽象的な論議を控えて、無意識系の形成過程において抑圧が果たす役割だけを述べている。

　抑圧（本来の抑圧）は表象代理に向けられるが、表象代理の自由な動きを妨害するわけではない。抑圧は意識と無意識の関係を遮断するだけで、表象代理は無意識の中に存続し、「いわば暗闇で成長し」、結びつきを生み出して、数多くの派生物を形成する。しかも、派生物は必ずしも意識から遠ざけられているわけではなく、歪曲や中間項が挿入されることで、しばしば抑圧のメカニズムから逃れ、独自の表現形態を見つけ出す。例えば、神経症の症状や、失錯行為や機知などの代替形成は、その代表的な表現形態である。精神分析の自由連想では、思いついたことを話すよう患者に求めるが、この「思いつき」もまた、抑圧されたものの派生物の表現である。

　この論考の前半では、欲動を代理するものとして表象の役割だけが論じられるが、後半では、欲動を代理するものとして、「臨床観察に従うなら」表象と情動の二つを考えなくてはならない、としてフロイトは立場を修正する。情動は量的なものであり、その量にふさわしい表現を見出す。そして、欲動を代理する表象の運命と情動の運命は別の過程をたどる。表象の運命は、意識から消されるか、意識から遠ざけられるかのいずれかであるが、情動の運命は、欲動が完全に抑制されて、いかなる情動も生じないか、何らかの質的に彩られた情動として出現するか、あるいは不安に転換されるか、という三つの形がある。欲動の代理としての情動がたどる運命でフロイトが重視するのは、最後の不安への転換である。抑圧の動機はそもそも不快という情動の回避であるため、情動がたどる運命は表象がたどる運命より重要になる。というのも、抑圧が表象に対しては目標を達していたとしても、抑圧が不安の発生（不快）を引き起こすなら、抑圧は失敗していると言わざるをえないからである。

「抑圧」論文の最後では、この論考で提示した概念が三つの神経症の実例でどのように適用されるかを示している。フロイトは名前を出していないが、参照されている症例は「狼男」、「ドーラ」、「鼠男」である。ここでの三つの神経症の症状形成についての説明は、フロイトが患者との治療経験からどのようにして抑圧のメカニズムを学んだのかを知る恰好の素材となっている。あたかも、これらの例では――ピーター・ゲイの表現を借りるなら――「狼男、ドーラ、鼠男が立ち上がって証言している」かのようである。

Ⅲ

最初の二つの論考で欲動概念とそれがたどる運命を輪郭づけたあと、フロイトはそこで得た構想を土台にして、無意識の理論構築を試みる。「無意識」概念についての基本的な考えは、「精神分析における無意識概念についての若干の見解」（一九一二年）で素描されていたが、第三論文「無意識（Das Unbewußte）」はそこでの考えを大幅にグレードアップした形で書かれている。これは『メタサイコロジー論』で最も長く、難解な論考である。一九二四年の版では、その点を考慮して、七節に分かれた論文として提示されている。

第I節で、フロイトは無意識というものを仮定するのは正当か、という点を問題にする。健康な人の失錯行為や夢、後催眠暗示での諸現象、また病者におけるさまざまな症状などは意識とは別の働きを想定しないと説明がつかないが、そこに無意識の存在を想定すれば、あらゆる現象を証明可能な関連性の中に秩序づけることができる。ところで、無意識を理論化する際に注意しなくてはならないのは、私たちの認識の出発点が常に意識性にあることである。フロイトはここでカントを参照し、「カントは、私たちの知覚が主観的に条件づけられているのを見逃すことがないように［…］警告した」のと同じように、私たちの認識は意識性に条件づけられていて（超越論的条件）、無意識を把握するようにはできていない、と述べる。したがって、意識性から無意識を把握することはできず、無意識は私たちの意識性を通じてきわめて不完全な形で与えられるにすぎないのである。

先の「抑圧」論文で、フロイトは「抑圧と無意識は非常に相関的なので、一連の心的審級の構造と、無意識と意識の分化についてさらに知識を得るまでは、抑圧の本質について深く理解することはできない」と述べていた。では、どのようにすれば無意識の理論を構築することができるのだろうか。分析経験から得た知見としては、無意識について次のように言うことができる。無意識は意識に対しては、よそよそしく、意識とはまったく異質な性質をそなえている。また、無意識は意識から独立して、意識とは無関係に活動している。このような知見を基に、フロイトはこの論考では、先の二つの論文で行った基本概念の基礎づけの試みから、さらに一段抽象度を上げた理論化を行う。

まずフロイトは心的系を無意識と意識に区分する。さらにフロイトは意識の系から前意識という系を取り出してくる（系を二つではなく三つとした点はフロイトの慧眼である）。前意識は、まだ意識的ではないものの、条件が整えば意識化される可能性を持つ系である。この三つの系はそれぞれ独立していて、無意識系と前意識系（意識系）のあいだには検閲が働く。心的な出来事は、まずは無意識系に属し、それが無意識系と前意識系のあいだにある検閲を通過すると前意識的（意識的）なものになるが、検閲で拒絶されると無意識のままとどまる。このような心的系を仮定することで、精神分析は、抑圧の記述の際に用いた力動的観点に加え、複数の心的系という局所論的観点を得ることになる。さらに、この論文の第Ⅳ節では、リビドー備給の収支という観点（経済論的観点）から心的な出来事の過程が論じられる。フロイトは「心的過程を、その力動論的、局所論的、そして経済論的諸関係に基づいて記述することがうまくいくなら、私はそれをメタサイコロジー的説明と呼ぶことを提案したい」と宣言している。このメタサイコロジー的説明こそフロイトが新たに得た方法であり、この論文ではその方法の可能性が検討される。

フロイトは「抑圧」論文で、欲動は表象を介して無意識と関係する、と述べていたが、この論文の第Ⅱ節では、ある表象が別の系に変換されるという事態を理論的にどう理解すればいいか、という問いを提示している。これは、精神分析独自の記憶理論を生み出すことになった重要な問題設定である。この問いに対して、フロイトは二つの可能性を考える。一つは、ある表象が無意識系から前意識系、意識系に変換される場合、各系にその表象の書き込みが生じ、それらの書き込みは各系で固定する、という可能性である。フロイトは、一八九六年一二月六日のヴィルヘルム・フリース宛の手紙で次のように書いている。

> 私たちの心的機構は重層形成を通じて発生したものであり、そこでは現存する想起痕跡の素材は時々、新しい関係に応じて、組み換え、つまり書き換えをこうむる、という仮定を用いています。私の理論の本質的な新しさは、記憶が単層的ではなく多層的に現存しており、さまざまな種類の記号で書きとめられている、という主張にあります。私は以前『失語症論』の中で末梢から来る伝導路について同じような組み換えが生じることを述べました。こうした書き込みがどれほどあるのかは分かりません。少なくとも三つ、たぶんそれ以上でしょう。（強調引用者）

フロイトが初期の段階で着想を得て、『夢解釈』第七章で全面的に展開した心的装置の理論では、知覚刺激は、無意識、前意識、意識という順に痕跡（書き込み）を残し、運動末端から放出される、と考えられていた。「無意識」論文の第Ⅱ節も、この発想の延長線上で議論がなされるが、ここで焦点をあてられているのは、外部刺激が残す痕跡（書き込み）ではなく、内部刺激である欲動の代理表象が無意識から意識に変換されるとき、それぞれの系に痕跡（書き込み）を残すかどうか、という問題である。フロイトはここで「これ［この問い］は奇妙に見えるかもしれないが、精神分析の実践から得た印象に基づくものである」と述べて、次のような例を挙げている。

私たちがある患者に、その患者がかつて抑圧したであろう表象を伝えても、最初のうちは患者の心的状態に変化は生じない。しかし、それによって患者は同じ表象を二重の形式で持つことになる。一つは、患者が抑圧している無意識的表象である。もう一つは、私たちが患者にその表象を伝えることによって患者の意識に生じた、その表象の聴覚痕跡である。この二つは、抵抗が克服されるまでは結びつかないが、抵抗が克服されると、無意識的表象は意識系にある聴覚痕跡と結びつき、意識化される。この事実は、意識的表象と無意識的表象が、同じ内容を持つ、局所論的に区別された別々の書き込みであることを示している、とフロイトは言う（しかし、すぐあとに、聞いたことと体験したことは同じ内容であっても心理学的には異なった性質を持つ、と言って、みずからの主張を修正している）。

もう一つの可能性は、無意識系から意識系への変換は書き込みを残すことのない状態変化だ、という仮説である。ここでフロイトが想定しているのは、エネルギー備給によって生じる、その系の状態変化である。フロイトは、第Ⅱ節では「書き込み」説を有力な仮説としているが、第Ⅳ節の抑圧された表象の運命の経済論的説明では、むしろ「状態変化」説を採用している。しかし、最終的には、この二つの可能性のどちらかに決めることはできない、として判断を保留する。この二つの可能性のどちらを選択するかは、理論構築の際の重要な分岐点になる。このうち、フロイトが「粗雑」な仮定と述べた「書き込み」説に彼の天才的な直観を見出し、それをより精緻な理論に練り上げたのは、ジャック・ラカンである。このような読解も、『メタサイコロジー論』を継承する一つの方法である。

第Ⅲ節では、欲動、表象、情動（感情）が、ここで構築された局所論の中でどのようにふるまうか、ということが論じられる。第一に、意識と無意識の区別が欲動には適用されないことをフロイトは強調する。抑圧されるのは欲動ではなく表象である。それゆえ、無意識と意識の区別は、厳密には表象にしかあてはまらない。難しいのは、情動（感情）の位置づけである。「無意識の愛」や「無意識の憎しみ」、「無意識的罪責意識」などという表現に私たちは親しんでいるが、これは不正確な表現であり、無意識の表象があるように無意識の情動があるとは言えない。先にも述べたように、欲動を代理する表象は抑圧されると無意識系に入るが、情動は表象とは別の運命をたどる。情動は表象とともに無意識系に追いやられるわけではなく、表象との関係を失って不安として放出されることもあれば、別の表象に結びつくこともある。表象と情動が別の運命をたどるのは、表象がエネルギーの備給過程に属するのに対して、情動が放出過程であることに起因する。

第Ⅳ節では、抑圧というメカニズムが経済論的な観点から検討される。メタサイコロジーの中でも、とりわけ経済論は、臨床との接続を見出すのが難しい記述である。しかし、精神分析の諸概念を用いる際に、量という現実的な指標がないなら、その議論はしょせん恣意的な空論にすぎないだろう。フロイトには、メタサイコロジーにおいて経済論的観点は不可避なものであった。この節で、フロイトは抑圧については、その過程の本質は表象からのリビドー備給の撤収だが、その撤収がどの系で起こり、撤収された備給はどの系に属するのか、ということを問題にする。そして、原抑圧の場合と、本来の抑圧（あとからの抑圧）を区別し、両者における備給の撤収の違いに注目する。

まずは本来の抑圧から考えてみる。無意識的表象は、三つの系からそれぞれ備給を受けている。しかし、抑圧された表象には、無意識系での備給はあっても、前意識（意識）系からの備給はない。したがって、抑圧とは、表象に対する前意識（意識）系の備給の撤収である。しかし、これだけなら、抑圧された無意識的表象は何らかの機会を利用して前意識に入り込もうとするだろう。この際に無意識系から撤収された備給が前意識系（前意識系の代替表象）に備給されることによって、抑圧は完全なものになる。そのとき前意識系に向けられる備給を、フロイトは（抑圧の解除に対抗するという意味で）「対抗備給」と呼ぶ。

原抑圧において重要な働きをするのは、この対抗備給である。「抑圧」論文で述べられていたように、原抑圧は最初の表象代理が意識に入ることを拒まれる事態であり、この原抑圧された表象代理は「それ以降、不変のまま存続し」、あとからの抑圧に対して牽引力を及ぼす。このように、原抑圧は「最初の拒絶」という出来事から仮説として想定されるものであり、原抑圧のメカニズムに、無意識側からの備給や前意識（意識）系の備給の撤退という（無意識系の成立以降に働く）メカニズムを仮定することは論理的な矛盾をきたす。したがって、原抑圧を成立させているのは「最初の拒絶」という事態を保持する対抗備給だと考えるべきであり、この対抗備給が働かなければ、無意識という系自体も崩壊してしまうのである。

第Ⅴ節では無意識の特性が、第Ⅵ節では無意識系と前意識系の交流と意識系の特性が述べられるが、その大半は『夢解釈』第七章で詳細に論じられた内容の概括である。すなわち、無意識には否定も懐疑も確実性の度合いもなく、時間との関係を持たず、外的現実も考慮しない。それは圧縮と移動という心的一次過程の機制に基づき、快原理にのみ従う。時間との関係を結びつけ、現実との配慮を行うのは、二次過程、つまりは前意識（意識）の働きである。また、前意識が心的作業の中心となって働いているとき、無意識は生き物のように、前意識と関係を持ち続ける。前意識には、前意識と無意識の性質を併せ持つような混合物がしばしば見られるが、フロイトはそれを人種間の混血を喩えに出して説明している。すなわち、ある人種の人々は、白人（前意識）に似ているが、ある特徴によってその有色人種的な出自（無意識）が漏れてしまい、社会から締めつけられ、白人としての特権（意識化されるという特権）を享受できない（これはフロイトお得意のユダヤ・ジョークである）。

また、意識系については、それが無意識系や前意識系のように想起痕跡（書き込み）を残す系ではない、という点に注意を喚起している（この点について、フロイトは一〇年後の

「「不思議のメモ帳」についての覚え書き」（一九二五年）で、記憶と意識は互いに排他的であり、意識はまさに想起痕跡の代わりに出現する、という明快な見解を提示している）。それゆえ、前意識系から意識系への変換は、無意識系から前意識系への変換とは性質が異なり、前意識的表象に過剰備給がなされることによって生じる、とフロイトは「状態変化」説を用いて説明する。フロイトは、このように「書き込み」説と「状態変化」説を、起きている事態からの要請に応じて臨機応変に使い分けている。

第Ⅳ節の後半で、フロイトは心的局所論についての独自のアイデアを素描している。「それぞれの系は、欲動活動の根のところで、最も豊かに相互に交流し合っている。そこで興奮している過程の一部は、準備段階を通るかのように無意識（Ubw）を通り抜け、意識（Bw）における最も高度な心的発達に達するが、また別の一部は無意識（Ubw）として引き止められる。しかし、無意識（Ubw）は外的知覚に由来する経験にも影響される。知覚から無意識（Ubw）に至る通路は、ふつうは開いたままだが、無意識（Ubw）からさらに延びる通路になって初めて、抑圧による遮断をこうむる」。この記述には、「自我」、「エス」、「超自我」という用語こそ用いられていないものの、八年後の『自我とエス』で提示される第二局所論の構想がすでに内包されている。

「無意識」論文は、第Ⅶ節で別の方向に向けて舵を大きく切る。この節は『メタサイコロジー論』全体の折り返し点ともなっている。これまでの論述は転移神経症の経験に基づいた理論化であり、転移神経症の経験は無意識について不明瞭な情報しか与えてくれなかった、とフロイトは言う。だが、「シュレーバー論」、「ナルシシズム論」を端緒に始まったナルシス的神経症の研究は、無意識についてより明瞭な知識を与えてくれるようになった。なぜなら、ナルシス的神経症においては、無意識は巧妙な抑圧の背後に隠れることなく、私たちの目の前に顕現するからである。フロイトは「無意識」論文では統合失調症について、その後の論文ではアメンチア、メランコリー、心気症とナルシス神経症を主題にして、無意識についてのより包括的な理論を構築していく。

フロイトがここで取り上げているのは、統合失調症に見られる独特な言語の様態である。統合失調症者においては、しばしば比喩表現が成立せず、言葉が文字どおりに受け取られることがある。これはフロイトと交流のあったオイゲン・ブロイラーが『早発性痴呆あるいは統合失調症群』(一九一一年)の中で「特有な具象化」として注目したもので、その後、ライナー・ホルム＝ハドラーが統合失調症における「具象化傾向(Konkretismus)」という概念を提示し(一九八二年)、議論を引き継いでいる。このような言語の様態を糸口にして、フロイトは統合失調症で起きている代替形成のメタサイコロジー的な解明を試みる。

フロイトが提示する症例は、自分の顔のにきびを気にして、にきびを潰して何かが飛び出ることに満足を覚えている男性患者である。彼はにきびを取り除いたところには深い穴ができたと思い、激しくみずからを非難するようになる。この患者にとって、にきびをしぼり出すことは自慰の代替であり、そのあとにできた穴は(去勢の威嚇によって生じた)女性器である。しかし、フロイトはその解釈だけでは満足せず、このような代替形成がヒステリー患者のそれとは異質であることに着目する。

この代替形成が異質な印象を与えるのは、物の連関よりも語の連関が優位になっていることに起因している。にきびをしぼり出すことと射精、にきびと女性器のあいだに物の連関は乏しいが、語の連関（にきびの「穴」と女性器の「穴」）は保たれている。では、このような物の連関と語の連関の不一致は、対象備給の撤退という統合失調症の病理とどのように関係しているのだろうか。

この問題を考える際にフロイトが手がかりにするのは、『失語症論』以来、繰り返し論じてきた「語表象」と「物表象」という概念である。かつてフロイトは『失語症論』で、視覚像としての対象表象に対して聴覚像としての語表象を対置させ、概念言語の成立を考えていた。しかし、『失語症論』での「対象表象」という概念には、この論文で検討してきた局所論的な観点が導入されていない。フロイトはここで、意識的（前意識的）表象は語表象と物表象を含むが、無意識的表象は物表象だけだ、という見解を示している。無意識系にある物表象は、それに対応する語表象と結びつき、過剰備給されることによって初めて前意識系に入る。このような形で「語表象」と「物表象」という概念を用いるなら、転移神経症で論じてきた抑圧とは、物表象が語表象に結びつくことの拒絶と考えることができる。一方、統合失調症では、無意識的な対象表象への備給が全面的に撤収される。とすれば、統合失調症では、無意識的な対象表象のみならず、それに対応する前意識的な語表象への備給も撤収されているはずである。しかし、先に挙げた症例が示しているのは、語表象への過剰備給である。この奇妙な事態をどう考えればいいだろうか。

フロイトは、統合失調症におけるこのような語表象の過剰備給を、統合失調症で見られる現実喪失からの回復の試みとして捉え直している。統合失調症の回復期では、語表象と結びついた対象表象によって現実が再把握されるのではなく、対象表象との連関を失った語表象によって現実が再構築される。このような語の連関によって現実が構築されているために、現実は実際の対象との関係とは異なる妄想的な形で出現することになる。しかし、このような思考方法は統合失調症者に限られるものではない。そもそも私たちが哲学的に思考する場合、その思索は統合失調症者の思考様式と類似してしまう、と抽象的な思考が妄想に陥る危険性にフロイトは警鐘を鳴らしている。

Ⅳ

第四論文「夢理論へのメタサイコロジー的補足（Metapsychologische Ergänzung zur Traumlehre）」では、フロイトのかつての師であり、敵対者でもあったテオドール・マイネルトが提唱したアメンチア（急性幻覚性錯乱）が検討の対象となっている。これはナルシス的神経症に分類される一疾患に対して完成された形でメタサイコロジー的記述がなされた論考だが、「無意識」論文の緊密で複雑な論述と比較すると、論点はクリアに整理されており、『メタサイコロジー論』の中では最も読みやすいものになっている。

フロイトは、アメンチアという疾患を論じるにあたって、その「正常な原型」としての夢と対比しつつ論述を進める。睡眠状態は環境世界からのリビドー備給が撤去され、ナルシス的状態を再現していると言える。しかし、無意識系と前意識系の備給をすべて回収し、絶対的なナルシシズムを打ち立てるという自我の試みは部分的にしか成功しない。というのも、無意識系の抑圧された部分は、備給を部分的に保持し、自我から独立しているため、睡眠欲望に従わないからである。この無意識系の欲動備給が夢形成の源泉となるが、フロイトは夢形成のメカニズムを次のような三つの段階に分けて記述している。

夢形成は前意識に蓄えられた日中残渣が素材となる。睡眠中は前意識と無意識のあいだの交通が容易になるため、無意識系の抑圧された部分に蓄えられた備給は前意識に移動し、日中残渣の備給が強化される。これが第一の段階である。続く第二の段階では、前意識的な夢欲望（欲望充足空想）が日中残渣の素材を用いて無意識の動きを表現しようとする。そして、最後の段階で、前意識にある夢欲望は意識に押し出されることになるが、睡眠状態では前意識から意識へと夢欲望が追い出されることはなく、前意識から無意識を通って知覚へ、という経路をとる。このような発達史的に逆方向の経路を、フロイトは「局所論的な退行」と名づけている。この経路において、視覚的表象（物表象）としての日中残渣は、無意識においいて、前意識の検閲を通り抜けるために、圧縮、移動、呈示可能性への顧慮という夢作業を施され、前意識の語表象と結びつく。この夢作業の過程で、夢と統合失調症は決定的に違った働きを見せる。夢では物表象が加工の対象になるのに対して、統合失調症では物表象ではなく語表象が加工される。また、夢では局所論的な退行が実現されるのに対して、統合失調症では局所論的な退行が生じることはなく、前意識の内容は意識において幻覚という形で実現されてしまう。

夢過程は、このような局所論的な退行の過程に従い、思考内容が感覚的な印象として意識化されて終了する。夢には、リビドー発達の退行は見られても、自我発達の退行は見られない。一方、アメンチアでは自我発達の退行が起こり、ある思考が無意識の対象想起痕跡へ、さらにそこから知覚へという経路を見出すと、その思考の知覚を現実のものとして認識してしまう。ここでフロイトは、アメンチアなどの急性幻覚性錯乱が表象と知覚を区別できなくなる点に注目し、次のような仮説を立てる。すなわち、私たちは心的生活のはじめには、満足を与える対象の要求を感じたとき、実際にその対象を幻覚していた。しかし、その場合には満足が生じないため、この失敗を避けることができるように、幻覚的な欲望知覚を現実の満足から区別できるように、自我に現実検討の装置を作り上げた。現実検討の機能は、意識系と深く結びついた自我の重要な機構の一つである。アメンチアという疾患が示しているのは、自我に最も忠実に仕え、最も緊密に結びついていた現実検討の装置が自我と断絶する、その光景だ、とフロイトは言う。その際、自我は知覚から備給を撤収し、幻覚によってみずからの欲望を満たす代償として、現実との関係を絶ってしまう。この論考の最後に提示されている四つの備給の撤収の形――夢では備給(リビドー、関心)の撤収がすべての系で等しく起こり、転移神経症では前意識の備給、統合失調症では無意識の備給、アメンチアでは意識の備給が、それぞれ撤収される、という記述は本論のきわめて簡潔な要約となっている。

V

第五論文「喪とメランコリー（Trauer und Melancholie）」は、ヴィクトール・タウスクが一九一四年一二月に行った研究報告に触発されて第一稿が書かれ、カール・アブラハムとの半年間の討議の末、修正が施された論考である。ナルシス的神経症の理論化については、フロイトは自分が実際に診ることができる症例が限られていたため、当時、彼が親しくしていた分析家および精神科医との議論を通して理論を構築している。フロイトはナルシス的神経症が分析治療の対象になるとは考えておらず、その考察はあくまでも疾患の精神病理学的検討にとどまっている。「喪とメランコリー」もそのような性質を持つ論考だが、これは『メタサイコロジー論』の中でもひときわ重要なものの一つであるとともに、フロイトのメタサイコロジーに新たな流れを作り出す論考となっている。

メランコリーというナルシス的神経症を考える上で、フロイトは病的疾患の「正常な原型」を想定し、それとの比較で疾患を解明する、という第四論文の方法論を踏襲する。アメンチアの場合、夢がその「正常な原型」だとすれば、メランコリーの場合は喪である。なお、フロイトが言うメランコリーは、いわゆる神経症（心因性）の鬱病ではなく、内因性疾患としての双極性のメランコリーを指している。夢から喪へと舞台が移り変わることで、ここでの主題の展開は第四論文とは大きく異なるものになっている。

喪の作業では、愛した対象がもはや存在しないことが分かると、自我はその対象に向けていたリビドーを撤収しようとする。しかし、人間は代替物がすでに用意されている場合でさえリビドー態勢を恒常的に保とうとする傾向があるため、それまで維持していたリビドー態勢を変えようとしない。その傾向が極端に強い場合には、幻覚的な形で対象を取り戻そうとする試みがなされる。しかし、健康な場合には現実に対する尊重が勝利し、失われた対象と結びついていたリビドーの引き離しが行われる。このような喪の作業はあくまでも意識的な作業であり、そこには強い苦痛がともなうことをフロイトは強調している。しかし、この作業が終わると、自我は再び自由となり、「貧しく空虚」になっていた世界は再び豊かさを取り戻す。

メランコリーもまた対象の喪失によって生じるが、喪の対象喪失が意識的であるのに対して、メランコリーでは無意識的な対象喪失が問題となる。したがって、メランコリー患者は「誰」を失ったかは知っているが、その人物の「何」を失ったのかは知らない。とはいえ、無意識的な対象喪失が喪とは著しく異なる深刻な病理を引き起こすことは不思議にも思える。メランコリーの患者は、自我が貧しく空虚になり、みずからを価値のない人間とみなして、自己非難を繰り返す。メランコリーのこのような病像がどのようにして生じるのか、というのがこの論考の問いである。

フロイトは、一つの観察事実を手がかりに、この問いの解明を始めている（ここで参照された症例が当時フロイトが診ていた建築家カール・マイレーダーであることが、その後の調査で明らかになっている）。メランコリー患者の自己告発をよく聞いてみると、その最も激しいものは、患者本人よりも、患者が愛している人、かつて愛した人にあてはまる。それゆえ、患者の自己非難は愛する対象への非難が反転して患者の自我に向けられたものだと理解するなら、メランコリーの病理を理解するための重要な鍵を手に入れたことになる。このような反転が起きるメカニズムを、フロイトは次のように再構成している。

まずは、愛する人物へのリビドーの拘束があった。ところが、その愛する対象から侮辱されたり失望させられたりすると、この対象関係に動揺が生じる。正常な場合、この対象から新しい対象にリビドーが移動するが、メランコリーの場合、リビドーは他の対象に向かわずに自我へと撤収される。対象に向けられたリビドーが自我に撤収され、ナルシシズムの状態に陥る、というナルシス的神経症一般のメカニズムは、メランコリーでも同様に生じる。しかし、メランコリーに特徴的なのは、この撤収されたリビドーが対象を自我に同一化することに用いられる点である。この事態をフロイトは「対象の影がこのように自我の上に落ちて、自我は今や、ある特別な審級から、あたかも一つの対象、放棄された対象と判断されるようになる」という有名な一節で表現している。この一節で、フロイトはメランコリーという疾患を構成する二つの重要な機制を的確に指摘している。

一つは、リビドーの自我への撤収の際に対象選択が同一化に置き換わる、という機制である。この機制によって、愛した対象は無意識的には放棄されることなく、自我の一部となる。もう一つは、この同一化という機制によって自我には内部分裂が生じ、対象と同一化した部分と、それを批判する審級（良心）に分かれる、ということである。そして、一方の批判する審級の自我は、対象との葛藤的な関係を、もう一つの対象と同一化した自我に向け、罵詈雑言を浴びせかける。つまるところ、メランコリーの自己非難とは、みずからを失望させた対象に対する批判なのである。このように自我が同一化の作用を及ぼし、みずからの内部に取り込む対象の記述は、これまでのフロイトにはない新たな対象概念であり、これはのちにメラニー・クラインによって「内的対象」の概念として洗練化されることになる。

メランコリーという疾患を考える上で、もう一つ重要なのは、メランコリーにかかる人の素因である。フロイトは「ダ・ヴィンチ論」で、対象選択のあり方をナルシス的対象選択と依託型対象選択の二つに分けていた。依託型の対象選択をとる人は、保護してくれる相手、ないし養ってくれる相手を対象選択とするのに対して、ナルシス的対象選択の場合は、自分に似た人を対象選択に選ぶ。メランコリーで起きているのは後者の対象選択であり、対象選択がナルシス的基盤で行われるため、対象の放棄や同一化が容易になされる。さらにもう一つ強調すべき点は、メランコリーが強迫神経症と類似した素因を持つことである。フロイトは、症例「鼠男」（「強迫神経症の一例についての見解」）で、強迫神経症の病理を前性器的編成（肛門サディズム期）への退行とし、この退行によって生じる攻撃性が強迫神経症の諸症状を生み出している、と論じた。メランコリーにおいても、前性器的編成（この場合は主に口唇期）への退行が生じ、同一化した対象に対してサディズム的な攻撃性が向けられる。

良心がもたらす攻撃性の残忍さは、このサディズム的攻撃性に由来している。

ところで、フロイトがメランコリーに見出した「対象選択が同一化に置き換わる」という機制は、のちの『自我とエス』で理論化される自我論でも重要な役割を果たす。フロイトは、自我の中核をなす（陽性、陰性の）エディプス・コンプレクスの克服後に生じる（父親または母親への）同一化も、対象選択が同一化に置き換わるという機制で説明している。また、一般に性格と呼ばれるものを、フロイトは他者との関係の痕跡を内在化することによって生じる自我変容として捉えている。そして、この論考で簡潔に触れられていた「批判的審級」は、のちに「超自我」として概念化される。つまり、この第五論文は、精神分析概念の基礎づけとしてのメタサイコロジーの構築という当初の目論見を大きく逸脱し、フロイトの構想を第二局所論と呼ばれることになる新たな心的装置の構築に向かわせるのである。フロイトの自我論は初期の「心理学草案」の頃からすでにあったが、「ナルシシズム論」を経たあとの自我論はきわめて複雑なものになっている。自我は一つの審級であり、またリビドーが向けられる対象であり、同一化の塊でもある。実際、この自我概念の多義性は、フロイトを読む際の混乱の種になっている。

フロイトは、メランコリーの中核となる病理を、対象をめぐる両価的な戦いと、彼が「開いた傷口」と呼ぶメランコリーのコンプレクスと考えた。前者の対象との両価的な戦いでは、憎しみはリビドーを対象から解き放とうとするのに対して、愛は対象とのリビドー態勢を守ろうとする。喪においては、この戦いの過程が前意識から意識に向かうが、メランコリーでは無意識のままとどまる。また、喪では自我は対象を断念するが、メランコリーでは対象の価値を貶め、打倒し、自我が対象よりよいもの、優れたものと認めて、満足を覚える。

後者の「開いた傷口」は、自我に対して並外れて高い対抗備給を要求するため、自我のエネルギーを空虚にしてしまう。その結果、貧困妄想、罪業妄想、心気妄想などの微小妄想が生じる。この「開いた傷口」は、あらゆるリビドーを自我の内部に吸収するため、対象表象の想起痕跡は無意識系を出ることがなく、前意識系から意識に進む道は閉ざされている。メランコリーでは統合失調症に見られるような語表象による現実の代替的回復という試みもなされない。メランコリーを重篤なナルシス的疾患とフロイトがみなすのは、このように外界から撤収されたリビドーがもはや外界に向かわないからである。

*

先に述べたように、第五論文には精神分析概念の基礎づけとしてのメタサイコロジーの構築という当初の意図を超えた、フロイトの新たな構想の胎動が見られる。しかし、彼はその構想を全面的に展開するのは控えて、その後も二週間に一本というペースで七つの論文を仕上げ、一九一五年八月一日にはアブラハムに宛てて「私の一二の論文は完成しました。けれども、その中のいくつか、例えば意識についての論文は徹底的な改編が必要です」と書いた。しかし、その後、数年経っても、フロイトはこれらの論文を公表しようとしない。「夢理論へのメタサイコロジー的補足」、「喪とメランコリー」でさえ、実際に出版されたのは二年後の一九一七年である。その後も、残る七つの論文は出版を見送られる。このようなフロイトの態度にはいくつかの理由が考えられるが、一九一五年から一九年頃までにフロイトがアブラハム、フェレンツィ、ルートヴィヒ・ビンスワンガー、ルー・アンドレアス＝ザロメに出した書簡を読めば、その大体の状況は想像できる。

これらの論考は、ジェームズ・ストレイチーやアーネスト・ジョーンズの指摘によると、「意識」、「不安」、「転換ヒステリー」、「強迫神経症」、「投影」、「昇華」、「転移神経症概要」の順で書かれた。しかし、一つを完成して次を書き始めるという形ではなく、論点が不完全な部分はそのまま残し、「トルソー」として一気に書き上げられたため、出版できるまでの体裁にするには、かなりの時間が必要だったと思われる（フェレンツィ宛の手紙には、「転移神経症概要」を書いたあと、「意識」と「不安」の原稿の手直し作業に取りかかる、と記されている）。また、メタサイコロジーという土台をより確固としたものにするために、当時のフロイトには解決すべき大きな問題がいくつかあった。その中でも、とりわけ、意識の質的性質、不安とリビドー、投影の機制などのメタサイコロジー的解明には、数年来、頭を悩ませていた（これらの諸問題は、それぞれ『自我とエス』（一九二三年）、『制止、症状、不安』（一九二六年）、「嫉妬、パラノイア、同性愛に見られる若干の神経症的機制について」（一九二二年）において、メタサイコロジー的観点とは異なる角度から論じられる）。この時期、フロイトに『メタサイコロジー論』の出版を最も熱心に促したのはアンドレアス＝ザロメだったが、フロイトは「これらの論文は、陽気さが欠けているし、「戦争に対する」

鎮痛剤の役割も果たさない」と出版を延期する理由を述べている。結局のところ、彼は七つの論文の内容に満足できなかったのである。

この間、フロイトは『メタサイコロジー論』以外の論文を年に数本のペースで書き上げている。その中で代表的なものとしては、一九一六年の「精神分析作業で現れる若干の性格類型」、一九一七年の「欲動変転、特に肛門性愛の欲動変転について」、一九一八年の「処女性のタブー」などがあるが、『メタサイコロジー論』との関連で重要なのは、一九一六年から一七年に執筆された『精神分析入門講義』と一九一八年に出版された症例「狼男」（「ある幼児期神経症の病歴より」）（執筆したのは一九一四年だが、出版の際に加筆している）である。中でも『精神分析入門講義』の第三部「神経症理論総論」は、公表されていない『メタサイコロジー論』の内容と部分的には重なっていたであろうことは容易に想像がつく。

一九一九年四月一日に、フロイトはアンドレアス＝ザロメに「私は『メタサイコロジー論』を書いていません。経験素材を体系的に加工するのが難しいのです。私自身の経験が断片的な性質なものであることや、インスピレーションが突発的にしか浮かんでこないのも妨げになっています」と事実上の出版の断念を告げている。その五年後の『みずからを語る』では、この時のことを次のように書いている。「この試みは未完成にとどまり、論文をいくつか書いただけで終わってしまった。だが、それはそれでよかったと思う。そのような理論を確立するのは時期尚早だったからである」（強調引用者）。

VI

一九八三年にフロイト研究者としても著名な精神分析家イルゼ・グルーブリヒ＝ジミティスがロンドンで、古いトランクに入ったフェレンツィの書類を整理している際に『メタサイコロジー論』の一二番目の論文「転移神経症概要」を発見したことは、精神分析界のみならず人文学の研究者にも驚きをもたらした。この原稿はフロイト自身によって破棄されたと考えられていたが、一九一五年七月二八日のフェレンツィに宛てた手紙に添付されていた。この論考の出現は、一九五〇年の「心理学草案」の発見の際のようなフロイト読解を根本的に覆す出来事ではなかったが、「喪とメランコリー」以降の『メタサイコロジー論』の展開を知る上では貴重な価値を持っている。

第一二論文「転移神経症概要（Übersicht der Übertragungsneurosen）」は、前半部と後半部の二部から成る。前半部では、転移神経症を代表する三つの類型（不安ヒステリー、転換ヒステリー、強迫神経症）を六つの要因（抑圧、対抗備給、代替形成と症状形成、性機能に対する関係、退行、素因）から、それぞれきわめて短く、要点のみ記載している。おそらく、未公表の他の論考も、このような簡素な文体で、素早く要点を記すようにして書かれたと思われる。この前半部分は、未完成な上、すでにこれまでの論考で述べられていたことの繰り返しであり、目新しい記述はない。

この論考で目を引くのは、後半部の全神経症(転移神経症とナルシス的神経症)の素因を系統発生的な観点から解明する壮大な試みである。これは『トーテムとタブー』で構想された、神経症の人類史的理解の展開であり、原父の支配以前の氷河期時代にまでフロイトの視点は向けられる。彼は、この構想を「系統発生的空想」と呼び、一九一五年から一七年にかけてフェレンツィとの議論の中でふくらませていた。このアイデアの根底にあるのは、個体発生は系統発生を繰り返し、獲得形質は遺伝する、というラマルク＝ヘッケル的進化論である。

フロイトは、リビドーの発達史は脊椎動物の系統を反復するのに対して、自我の発達史は人類史を反復する、と想定する。この論考では、主に自我の発達史の観点から、全神経症の素因を人類史の段階と対応させていくことに力点が置かれる。まず、人類は突然始まった氷河期に生じた窮乏によって不安を覚えるようになった。自我にとって、本来、欲望することの不安のほうが現実の不安より根源的だったが、氷河期の窮乏では、現実の不安が欲望することの不安を代替することになった。不安ヒステリーの患者は満足しない欲望を外的な危機として扱うが、その素因は人類史のこの段階で作られた、とフロイトは想定する。

氷河期を乗り越えた人類は、現実の危機は少なくなったものの、相変わらず貧しい環境に置かれていた。この状況で、自己保存欲動と性欲動の葛藤が生じる。人類には同類を大量に増やすほどの食料がなかったため、生殖を制限することが社会的な義務となった。人類は生殖をみずからに禁じたとき、言葉をまだ獲得していなかったと思われる。転換ヒステリーは、性器的活動を活発にしているにもかかわらず、性器機能を働かないようにしているが、その素因は人類史のこの出来事に対応している。

さらにその後、人類は言葉によって世界に対する支配を確固としたものにするが、強迫神経症の素因は人類史のこの時期に由来している。この時代に人類は個々の群族に分かれ、それぞれの群族の父は利己的で厳しい性格を持っていたと考えられるが、それは厳しい氷河期の間に困窮に対する適応の結果として必要とされたものである。

ここまでは転移神経症の素因を人類の系統発生の諸段階と一致させる試みだが、フロイトはさらに進んで、ナルシス的神経症の素因がどのように獲得されるか、という問いへと議論を広げる。フロイトは、ナルシス的神経症の素因を、人間の文化に新たな段階をもたらした「第二世代」によってもたらされた、と仮定する。この新たな世代は、嫉妬深い原父と、父に女性を独占され、性的な自由を与えられない息子たちの群族とともに始まる。ここから先は『トーテムとタブー』で論じた原父神話を引き合いに出して推論を進めている。まず原父は息子たちを追い出す代わりに息子たちを去勢し、無害で補助的な働き手として群族のもとにとどまらせようとする。この効果は早発性痴呆の素因となる。しかし、脅かされた子供たちは、逃亡して結束し、父親と戦うことを選ぶ。このような共同生活は同性愛的な秘密の同盟に基づいており、これがパラノイアの素因となる。ある日、息子たちは父親を殺し、父に対する勝利の喜びと同時に喪の悲しみが生じる。これがマニーとメランコリーの素因になったと考えられる。

フロイトは、このように書きながらも、この「系統発生的空想」の理論的正当性を確信していたわけではなかった。フロイトは、この草稿を次のような言葉で終えている。「ここで構想された類似関係が遊び半分の比較以上のものなのか、それがまだ解決されていない神経症の謎をどこまで解明してくれるのかについては、当然、さらなる探究と、新たな経験がもたらす解明に委ねるのがいいだろう」（強調引用者）。

この第一二論文の草稿を、フロイトは若干の修正を加えながら清書し、手元に置いていた。そして、オリジナルの草稿を「論文の内容については、あなたも関心をお持ちだと思います。これを捨てても、持っていても、どちらでもかまいません」という言葉を添えて、フェレンツィに送る。同じ手紙でフロイトは「最終的に書き直す前に、少し休養が必要です」と書いたものの、その後、原稿に手を加えられることはなく、放置されたままとなった。一方、フェレンツィは、フロイトとともに構想した「系統発生的空想」をさらに展開させ、『タラッサ――性理論の試み』（一九二四年）を書き上げるのである。

＊

精神分析概念の基礎づけとしてのメタサイコロジーは、第一二論文で大きく飛躍し、生物学に依拠した一つの「空想」となった。これは、もはや明確な基本概念から構築された理論とは呼べず、臨床経験から大きく逸脱した、経験的裏づけのない一つの体系である。フロイトには、体系に向かう強烈な志向性と、体系化を嫌い、臨床事象の細部に本質を読み取ろうとする、相反する二つの性質があった。理論家であり、臨床家でもあるフロイトの最大の強みは、この二つの性質を絶妙のバランスで保ち続けた点にある。しかし、『メタサイコロジー論』を書き続ける中で、フロイトは彼のメタサイコロジーが経験から遊離していくのを身をもって感じていたと思われる。実際、戦争中、フロイトはごく少数の患者しか診ることがなかった。そして、彼は「臨床から遠ざかって理論を作るのは危険な冒険だ」とも書いているのである。ともかく、フロイトは原稿を公表しないまま、戦争が終わるのを待ち続けた。しかし、二年間待つあいだに、フロイトの中では『メタサイコロジー論』から派生した新たな構想が徐々に大きくなっていった。アンドレアス゠ザロメに『メタサイコロジー論』の断念を告げた一九一九年四月一日の手紙の後半には、「私は新しい仕事をすることを約束できます。その最初の一つは「快原理の彼岸」となるでしょう」と書いている。フロイトは「ナルシシズム論」の七年後に訪れた新たな構想の波に捉えられていて、もはや『メタサイコロジー論』の七つの論考は不要なものと感じていた。そのとき、フロイトは残りの論考を仕上げることを放棄し、新たな構想を全面展開することを決意する。

フロイトが一生をかけて行ったのは、かつて自分が形成したものを破棄し、常に精神分析を新しく始めることであった。このような行為は、「心理学草案」の際にも、『メタサイコロジー論』の際にも、さらには一九二〇年の「転回」のあとにも行われている。フロイトは、自分の思考がある閾を越え、もはや同じ仕方では問いが解けないことが分かると、みずからの立場をあっさりと捨て去り、新たな方法で理論を組み立てていった。精神分析とは、体系を作ることでも、既成の理論を同じように反復することでもない。それは常に新しく再開される運動なのである。

冒頭にも述べたように、本書はフロイトが一九一五年に試みた、精神分析の新たな再開の書である。フロイトが本書で提示した概念や思考装置は、もちろん完全なものではなく、現在の臨床現場に即していない点も数多く指摘できる。しかし、このように具体的な臨床的場面と厳密な概念装置から理論を立ち上げていく思考は、現在の精神分析においても新鮮さを失っていない。現代の最も先鋭的な精神分析がたどりついた地点から見るなら、フロイトの可能性とは、初期フロイトでも、後期フロイトでもなく、この『メタサイコロジー論』の時期のフロイトにある、と訳者は考えている。

訳者あとがき

フロイトが一冊の本として出版しようと試みたものの、挫折に終わったこの幻の書物は、一世紀も前の作品であり、すでに精神分析の古典中の古典となっている。そして、古典とされる書物がそうであるように、名前は知られてはいるが、熟読されることはない、という運命をたどっている。それには、これらの論文が持つ独特の難解さと、現代の臨床へとどう連結しているか、はっきりしないという点も影響しているだろう。

本書の翻訳の際には、「凡例」にも記したとおり、フィッシャー版の *Gesammelte Werke* を底本とした。すでに各論考については、人文書院、筑摩書房、岩波書店から優れた訳業が出ていて、新たに翻訳に挑む者は相当な覚悟が必要とされるのだが、訳者は何よりも各論文の持つ論理性と書物全体の論理構成を明確にするように努めた。訳出にあたって、これまでの日本語での訳業に加え、英訳版の Standard Edition および Flammarion, PUF, Gallimard, Payot の四社から異なる訳者によって訳されているフランス語訳も適宜、参考にしている。とりわけ岩波書店版『フロイト全集』からは多くの示唆を得た。これまでの訳者には敬意を払いたい。

読者には、まずは諸論考を貫く論理とフロイトの思考過程を追うことだけに注意して一読することをお願いしたい。あとは気が向いた頁を自由にめくってもらえばと思う。

試訳の段階で、畏友の立木康介氏に目を通していただき、原文の細部にわたり、的確なアドバイスをいただいた。また、優れたフロイト研究者である比嘉徹徳氏にも訳語・訳文に関して貴重な示唆をいただいた。この場を借りて、お二人には感謝を述べたい。

この企画を勧めてくれたのは、講談社編集部の互盛央氏である。氏は私が数年来取りかかっている『フロイト論』に最初の段階から興味を持ってくれていたが、私の原稿が遅々として進まないのを見て、本書の翻訳を提案してくれた。私は翻訳という仕事には、これまでほとんど関心がなかったが、フロイトの思考の息遣いを感じ取るには、翻訳が最良の方法であることを訳出作業を通して痛感させられた。

本書に収められた論考を人文書院版の日本語訳で初めて通読したのは、まだ自分がどのような道を進むのか決めていなかった一〇代の頃である。その後、大学病院の医局で、また異国の精神病院の寄宿舎で、また分析家として臨床に関わるようになってからも、私は複数の言語で、何度もこの論集を読み返してきた。しかし、臨床経験を重ねても、私のフロイト理解はどこか抽象的なものにとどまっていたと思う。臨床経験の傍ら、翻訳という「身体」作業を続けることによって、フロイトの思考は初めて切実なものとして私の脳髄にしみ込んだと言っていい。互氏はこのような仕事を勧めてくれた上に、遅れがちになる翻訳作業を、あたたかく励ましながら、辛抱強く待ってくれた。この翻訳が少しでも読みやすいものになっているとすれば、それは氏の尽力の賜物である。もはや感謝の言葉もない。

さて、奇妙な経緯を持つこの書物は、この後どのような運命をたどるのだろうか……。

十川幸司

二〇一七年一〇月

KODANSHA

＊本書は、講談社学術文庫のための新訳です。

ジークムント・フロイト（Sigmund Freud）
1856-1939年。精神分析の創始者。治療の実践から独自の人間理解を引き出し，精神医療のみならず，20世紀の思想に計り知れない影響を与えた。主な著作として『夢解釈』（1900年），『性理論のための三篇』（1905年）など。

十川幸司（とがわ　こうじ）
精神分析家，精神科医。山口大学医学部卒業後，自治医科大学で臨床に従事。その後，プレモントレ病院（フランス）に勤務しつつ，高等社会学院で精神分析を研究。著書に『来るべき精神分析のプログラム』など。

講談社学術文庫

定価はカバーに表示してあります。

メタサイコロジー論《ろん》

ジークムント・フロイト
十《と》川《がわ》幸《こう》司《じ》 訳

2018年1月11日　第1刷発行
2023年6月27日　第2刷発行

発行者　鈴木章一
発行所　株式会社講談社
東京都文京区音羽2-12-21 〒112-8001
電話　編集（03）5395-3512
販売（03）5395-4415
業務（03）5395-3615
装　幀　蟹江征治
印　刷　株式会社広済堂ネクスト
製　本　株式会社国宝社
本文データ制作　講談社デジタル製作

ISBN978-4-06-292460-3

「講談社学術文庫」の刊行に当たって

これは、学術をポケットに入れることをモットーとして生まれた文庫である。学術は少年の心を養い、成年の心を満たす。その学術がポケットにはいる形で、万人のものになることは、生涯教育をうたう現代の理想である。

こうした考え方は、学術を巨大な城のように見る世間の常識に反するかもしれない。また、一部の人たちからは、学術の権威をおとすものと非難されるかもしれない。しかし、それはいずれも学術の新しい在り方を解しないものといわざるをえない。

学術は、まず魔術への挑戦から始まった。やがて、いわゆる常識をつぎつぎに改めていった。学術の権威は、幾百年、幾千年にわたる、苦しい戦いの成果である。こうしてきずきあげられた城が、一見して近づきがたいものにうつるのは、そのためである。しかし、学術の権威を、その形の上だけで判断してはならない。その生成のあとをかえりみれば、その根は常に人々の生活の中にあった。学術が大きな力たりうるのはそのためであって、生活をはなれた学術は、どこにもない。

開かれた社会といわれる現代にとって、これはまったく自明である。生活と学術との間に、もし距離があるとすれば、何をおいてもこれを埋めねばならない。もしこの距離が形の上の迷信からきているとすれば、その迷信をうち破らねばならぬ。

学術文庫は、内外の迷信を打破し、学術のために新しい天地をひらく意図をもって生まれた。文庫という小さい形と、学術という壮大な城とが、完全に両立するためには、なおいくらかの時を必要とするであろう。しかし、学術をポケットにした社会が、人間の生活にとってより豊かな社会であることは、たしかである。そうした社会の実現のために、文庫の世界に新しいジャンルを加えることができれば幸いである。

一九七六年六月

野間省一